KB213783

삶을 바꾸는 요리문답 성경공부 시리즈

정요한 지음

하이델베르크
요리문답

엔크리스토
ENCHRISTO

하이델베르크 요리문답 - 교재

초판 1쇄 발행일 | 2017년 11월 17일
초판 2쇄 발행일 | 2019년 1월 30일

지은이 | 정요한
펴낸이 | 김학룡
펴낸곳 | 엔크리스토
마케팅 | 유영진, 조형준
관리부 | 김정구,오연희

출판등록 | 2004년 12월 8일(제2004-116호)
주 소 | 경기도 고양시 일산동구 장항동 585-2
전 화 | (031)906-9191 팩스 | 0505-365-9191
이 메 일 | books9191@naver.com
공 급 처 | 기독교출판유통

ISBN 979-11-5594-031-0

삶을 바꾸는 요리문답 성경공부 시리즈 교재

하이델베르크
요리문답

정요한 지음

엔크리스토
ENCHRISTO

1. 하이델베르그 요리문답에 관해서

1517년 10월 31일 마르틴 루터가 비텔베르그 성당 문에 95개조 반박문을 붙이면서 촉발된 종교개혁은 제네바의 개혁자 장 칼뱅의 기독교강요와 주석들로 그 신학적 정점을 찍게 되었습니다. 이후 독일지역에서는 루터교가, 다른 지역에서는 칼빈의 사상을 기반으로 하는 개혁주의가 개신교 교회의 구심점 역할을 했습니다.

그런 독일에서도 개혁주의 신학을 받아들였던 지역이 있었는데 바로 프리드리히 3세 선제후가 다스렸던 팔츠 지역이었습니다. 그는 성장기에는 가톨릭의 영향을 받고 자랐지만 브란덴부르크 제후의 딸 마리아와 결혼하면서 아내로부터 루터와 개신교 신앙을 받아들이게 됩니다. 팔츠의 선제후가 된 이후에는 팔츠 지역을 개신교 신학에 따라 통치했습니다. 당시 루터파와 개혁파는 성찬론의 차이로 갈등을 겪고 있었는데 프리드리히 3세는 양측의 주장을 면밀히 살핀 후에 개혁파의 신앙을 받아들이게 됩니다.

자신이 통치하는 지역에 개혁파 신앙을 공고히 하기 위해 프리드리히 3세는 칼뱅의 영향을 받아 개혁파 신학을 연구하며 하이델베르크 대학에서 강의하던 자카리아스 우르시누스와 자신의 궁정 설교자였던 카스파르 올레비아누스에게 개혁파 신앙을 설명하고 가르칠 수 있는 간단한 지침서를 작성할 것을 명령합니다. 두 사람은 고심 끝에 한 개의 요리문답을 만들어 냈고 프리드리히 3세와 개혁주의에 정통한 사람들에 의해 승인을 얻게 되고 1563년 이를 출판하게 됩니다. 이것이 바로 하이델베르크 요리문답입니다.

하이델베르크 요리문답의 구조는 간단히 다음과 같이 이야기할 수 있습니다. 첫 두 질문은 우리의 참된 위로는 예수 그리스도에게서 찾을 수 있으며 이를 위해서는 나의 비참함에 대해서, 이 비참함에서 구원받는 방법에 대해서, 이 구원에 어떻게 감사할 수 있는지에 대해서 알아야 한다고 가르칩니다. 그리고 전체의 내용을 세 부분으로 나눠서 이 세 가지를 설명하고 있습니다. 3~11문은 우리의 죄와 비참함에 대해 가르칩니다. 하나님의 피조물인 우리는 하나님이 주신 율법을 지키지 않아 본성으로 타락했고 그 타락으로부터 죄와 비참함이 들어왔다는 것입니다.

두 번째 부분은 12~85문으로서 이런 죄와 비참함으로부터 우리가 어떻게 구원받는지를 설명합니다. 사도신경을 해석하고 성례에 대해 설명함으로서 우리의 구원이 우리의 행위의 결과가 아닌 하나님의 은혜의 결과임을 증명하고 있습니다. 마지막 부분은 이렇게 구원받은 우리들이 하나님께 감사하는 방법을 이야기하는데, 하나님이 주신 계명을 지킴으로 감사할 수 있고 이마저도 우리의 힘으로 되는 것이 아니니 기도로써 하나님께 힘 주실 것을 간구해야 함을 강조합니다. 이 부분은 감사의 방법으로서의 십계명 강해와 참된 기도인 주기도문을 강해하는 내용으로 채워져 있습니다.

종교개혁 신학을 설명하기 위한 신조들과 문답들은 여러 가지가 있습니다. 그 가운데 하이델베르크 요리문답은 독특한 위치를 차지하고 있습니다. 그것은 다른 신조와 문답들이 하나님의 영광을 중심으로 하는 개혁주의의 특색을 드러내기 위해 노력했다면, 하이델베르크는 우리의 참된 위로를 중심에 놓고 서술했다는 점입니다. 그때문인지 여러 신조와 문답 가운데 하이델베르크 요리문답은 종교개혁 당시로부터 지금까지 가장 널리 알려져 인정받았고 또 가장 영향력있는 문답으로 평가받고 있습니다. 지금도 유럽의 개혁교단 교회들 중에는 오후예배를 하이델베르크 요리문답의 강해로 진행하는 곳이 많습니다. 이제부터 이 문답을 함께 공부하며 하나님께서 우리에게 베푸신 은혜에 대해 알아 보겠습니다.

2. 이 책의 구성원칙

_ 이 교재는 다음과 같은 원칙을 가지고 쓰여졌습니다.

(1) 36과로 구성해서 일 년 동안 진행하도록 한다. 일 년은 52주이지만 교회의 여러 사정에 의해서 52번의 성경공부를 진행하기 어려운 경우가 많습니다. 이 교재는 36과로 구성, 교회의 사정에 따라서 적절히 진행할 수 있도록 구성했습니다.

(2) 설명은 가장 기본적인 것으로 줄이고 성경의 관련 구절을 제시, 스스로 생각할 수 있도록 돕는다. 가능하면 저자의 설명은 최소한으로 줄이고 문답과 문답의 근거 구절을 제시해서 성경을 읽으며 스스로 생각할 수 있도록 집필했습니다. 가능하면 제시되는 모든 성경 구절을 찾아서 읽고 깊이 생각하면 큰 도움이 될 것입니다.

(3) 한 과의 분량은 30분 내외로 공부가 가능하도록 분량을 조절한다. 너무 짧거나 너무 길지 않게 30분 정도면 한 과의 내용을 공부할 수 있도록 분량을 조절했습니다.

(4) 공부만으로 끝나지 않고 실천이 가능하도록 가이드라인을 제시한다. 각 문답의 말미에는 실천할 내용을 생각해 볼 수 있도록 질문을 추가했습니다. 구체적인 실천 내용은 이 교재를 사용하는 각 교회나 단체의 사정에 맞게 스스로 생각해서 실천하기 바랍니다.

3. 이 책의 활용법

_ 이 책의 각 과는 크게 세 부분으로 나뉘어 있습니다.

첫 번째 부분은 요리문답 입니다. 여기서는 해당 과의 내용에 대한 간단한 설명과 함께 문답을 제시하고 있습니다. 공부를 시작할 때 인도자와 참여자가 함께 문답을 나누어 읽고 시작합니다. 인도자가 질문을 던지고 참여자가 답을 하는 방식으로 읽어서 실제로 문답이 이어지게 하면 좋습니다.

두 번째 부분은 문답의 내용을 구체적으로 살펴보는 **성경으로의 접근** 입니다. 모든 질문들은 문답의 근거가 되는 성경을 찾아서 읽고 생각하고 대답하는 형식으로 구성되어 있습니다. 성경구절을 찾아서 꼼꼼이 읽고 문답과 관련하여 해당 구절이 어떻게 해석될지를 생각해 보며 이를 근거로 우리가 믿어야 할 것과 행해야 할 것을 서로 이야기해 봅시다.

세 번째 부분은 **정리** 와 **실천** 으로 문답의 내용에 관해 짧은 문장의 빈칸을 채우면서 다시 한 번 해당 내용을 정리하고 공부한 것을 근거로 우리가 행해야 할 것이 무엇인지를 생각하고 실천하는 부분입니다. 특히 **실천** 은 각각 두 항목으로 구성했는데 한 항목은 우리가 생각하고 믿어야 할 조금은 추상적인 부분을 제시하고 있으며 다른 항목은 이와 관련해서 우리가 실천해야 할 구체적인 항목은 무엇인지를 묻고 있습니다. 실천 부분은 각 공부하는 그룹에서 상황에 맞게 함께 생각해보고 실천하시면 됩니다.

문답은 원래 암기를 위해서 만들어졌습니다. 일정기간 이 문답을 공부하면서 모든 문답을 외울 수 있다면 우리의 믿음에 큰 진보가 있을 것입니다.

머리말 : 하이델베르그 요리문답에 관하여
이 책의 사용법

———

———

———

Heidelberger Katechismus

유일한 위로

지금 위로가 필요하십니까? 어떤 어려움이 있습니까? 옆의 사람과 함께 어려움을
나누고 서로 위로를 전해 봅시다.

제 1 문   살아서나 죽어서나 당신의 유일한 위로는 무엇입니까?

답 . .   살아서나 죽어서나 나는 나의 것이 아니요, 몸도 영혼도 나의 신실한 구주
          예수 그리스도의 것입니다.

          그리스도께서는 그의 보혈로 나의 모든 죗값을 완전히 치르고 나를 마귀
          의 모든 권세에서 해방하셨습니다.

          또한 하늘에 계신 나의 아버지의 뜻이 아니면 머리털 하나도 땅에 떨어지
          지 않도록 나를 보호하시며, 참으로 모든 것이 합력하여 나의 구원을 이루
          도록 하십니다.

          그러하므로 그의 성신으로 그분은 나에게 영생을 확신시켜 주시고, 이제
          부터는 마음을 다하여 즐거이 그리고 신속히 그를 위해 살도록 하십니다.

제 2 문   이러한 위로 가운데 복된 인생으로 살고 죽기 위해서 당신은 무엇을 알아
          야 합니까?

답 . .   다음의 세 부분을 알아야 합니다.

          첫째, 나의 죄와 비참함이 얼마나 큰가,

둘째, 나의 모든 죄와 비참함으로부터 어떻게 구원을 받는가,

셋째, 그러한 구원을 주신 하나님께 어떻게 감사를 드려야 하는가를 알아야 합니다.

성경으로의 접근

참되고 영원한 위로

인간은 누구나 살아가면서 많은 위로를 필요로 합니다. 어린 아이들은 부모로부터 위로를 얻고, 또 부모님들 역시 자식으로부터 많은 위로를 받습니다. 사랑하는 사람끼리, 스승과 제자 사이에서, 어른과 아이 사이에서 사람들은 위로를 필요로 하며 서로 위로를 주고 받으며 살아갑니다. 또 때로는 사람이 아닌 것으로부터 위로를 받을 때도 있습니다. 반려동물로부터 위로를 받기도 하고 어떤 사람들은 물건을 사고 소비를 하면서 위로를 얻을 때도 있습니다.

그러나 그런 위로는 영원하지 않습니다. 가장 사랑하며 서로를 위로하는 부모와 자식 사이에서도 서로 상처를 주고받을 때가 있으며, 옆에서 위로를 주던 반려동물의 죽음이 가장 큰 상처를 남기기도 합니다. 물건을 사고 돈을 쓰면서 얻는 위로는 그저 위로를 받았다는 착각에 불과한 경우도 많습니다. 이 세상에서는 영원한 위로를 얻을 수 없습니다.

1. 성경은 우리가 어떤 존재인지를 가르쳐주고 있습니다. 내가 누구인지를 아는 것은 참된 위로를 얻을 수 있는 첫 번째 조건이 됩니다. 성경이 가르치는 우리의 정체성이 무엇인지 로마서 14:8을 찾아서 읽어보고 정말로 그런지를 생각해 봅시다.

2. 우리가 그런 정체성을 가지고 있다면 참된 위로는 어디서 얻을 수 있을지 서로 이야기해 봅시다.

하나님이 주시는 위로

세상을 창조하신 하나님이 우리의 주인이 되신다는 사실을 깨닫는 것은 매우 중요한 일입니다. 하나님은 완전하시고 영원하신 분이기 때문에 그분이 우리에게 주시는 위로도 완전하고 영원한 것입니다. 하나님은 우리를 자신의 백성으로 삼으시고 구원의 은혜를 베풀어 주시며 우리를 보호해 주십니다. 하나님의 유일하신 독생자 예수님께서는 우리를 위해 십자가에서 우리를 대신해 자기의 몸을 바치심으로 우리를 하나님의 것으로 만드셨습니다. 하나님께서 자신의 백성들에게 주시는 은혜와 위로를 성경은 다음과 같이 이야기하고 있습니다. 함께 찾아서 읽고 어떤 내용인지 이야기해 봅시다.

1. 베드로전서 1:18~19

2. 히브리서 2:14~15

3. 요한복음 10:27~30

4. 로마서 8:28

성령님이 주시는 위로

하나님께서는 또한 성령님을 보내셔서 우리를 위로하시고 우리가 하나님의 백성으로 살게 하십니다. 우리가 선한 일을 할 수 있고 하나님의 백성답게 살 수 있는 것도 우리의 노력과 선함의 결과가 아닌 성령님이 주시는 은혜의 결과입니다. 성령님이 베푸시는 은혜가 어떤 것인지 성경을 통해 확인해 봅시다.

1. 로마서 8:16
2. 에스겔 36:26~27

알아야 할 것들

삼위 하나님께서 우리에게 베푸신 은혜를 통해 우리가 하나님의 백성이 되며 하나님의 보호하심을 받고 하나님의 백성으로 살 수 있습니다. 이를 위하여 우리가 알아야 할 것이 있음을 성경은 우리에게 가르치고 있습니다. 하이델베르크 요리문답은 이를 세 가지로 정리해서 제시합니다. 기독교는 앎의 종교입니다. 우리는 아는 만큼 믿을 수 있고 믿는 만큼 살 수 있습니다. 우리에게 주시는 위로도 지식이 있어야 받을 수 있습니다.

1. 하나님의 위로를 얻기 위해서 알아야 할 첫 번째 것은 무엇입니까? 로마서 3:10~12을 읽고 이야기해 봅시다.

2. 두 번째로 알아야 할 것은 무엇입니까? 요한복음 17:3을 읽고 이야기해 봅시다.

3. 세 번째로 알아야 할 것은 무엇입니까? 시편 50:14과 마태복음 5:16을 읽고 각각에 대해 이야기해 봅시다.

정리

1. 하나님은 우리의 (　　)이시고, 우리를 (　　)하셨으며 성령님은 우리에게 (　　)을 주시므로 하나님 안에서 내가 위로를 얻게 됩니다.

2. 이 위로를 얻기 위해 우리는 (　　　　)과 (　　　　)과 (　　　　)을 알아야 합니다.

실천

1. 일주일 동안 하나님께 감사하기 위해 무엇을 해야 할지 서로 이야기하고 실천합시다.

2. 하나님 아버지께 영광 돌리기 위해 해야 할 착한 행동이 무엇인지 서로 이야기하고 실천합시다.

우리는 어떤 상태인가?

02

1과에서 참된 위로를 얻기 위해서는 우리의 상태가 어떤지를 잘 알아야 함을 배웠습니다. 우리는 지금 어떤 상태로 인생을 살아갑니까?

제 3 문　　**당신의 죄와 비참함을 어디에서 압니까?**

답　·　·　하나님의 율법에서 나의 죄와 비참함을 압니다

제 4 문　　**하나님의 율법이 우리에게 요구하는 것은 무엇입니까?**

답　·　·　그리스도는 마태복음 22장에서 이렇게 요약하여 가르치십니다. "네 마음을 다하고 목숨을 다하고 뜻을 다하여 주 너의 하나님을 사랑하라 하셨으니 이것이 크고 첫째 되는 계명이요, 둘째는 그와 같으니 네 이웃을 네 몸과 같이 사랑하라 하셨으니 이 두 계명이 온 율법과 선지자의 강령이니라"(마22:37~40).

제 5 문　　**당신은 이 모든 것을 온전히 지킬 수 있습니까?**

답　·　·　아닙니다. 나에게는 본성적으로 하나님과 이웃을 미워하는 성향이 있습니다.

성경으로의 접근

우리의 상태를 알려면 …

사람들은 누구나 자기 자신을 실제보다 더 괜찮은 사람으로 생각하는 경우가 많습니

다. 많은 사람들이 '나 정도면' 착하고, '나 정도면' 괜찮고, '나 정도면' 법 없이도 살수 있다고 생각합니다. 그러나, 아무래도 내가 나를 판단할 때에는 점수를 더 후하게 줄 수밖에 없는 것이 인지상정입니다. 내가 어떤 사람인지를 판단하려면 주관적인 느낌보다는 객관적인 기준이 필요합니다. 성경은 그 기준이 율법이라고 가르치고 있습니다. 하나님께서는 우리 인간에게 율법을 주셔서 그것을 가지고 우리가 어떤 존재인지를 판단하고 깨달으라고 명령하셨습니다. 내가 나를 판단할 때에도 율법의 기준으로 나를 판단하며 내 상태가 어떤지를 깨달아야 합니다.

1. 바울은 율법에 대해서 우리에게 중요한 가르침을 남겼습니다. 그것은 율법을 통해서 알 수 있는 우리의 상태가 어떤 것인가를 알려준 것입니다. 로마서 3:20을 읽고 율법을 통해서 알 수 있는 것은 무엇인지 확인해 봅시다.

2. 로마서 7:7을 읽고 어떤 행위가 죄라는 사실을 어떻게 알 수 있는지 이야기해 봅시다.

율법의 대강령

오랜 시간 동안 유대인들 사이에서는 가장 중요하고 어겨서는 안되는 율법의 핵심이 무엇인지에 대한 논쟁이 있었습니다. 이 율법의 핵심을 묻는 질문에 대해서 예수님께서는 첫 번째로는 하나님을 사랑하라는 것이고, 그 다음으로는 이웃을 사랑하는 것이라고 가르치셨습니다. 우리가 기억해야 할 것은 이 가르침은 창조주 하나님께서 우리에게 직접적으로 명령하신 것이기 때문에 결코 이를 어겨서는 안 된다는 점입니다. 하나님을 사랑하고 이웃을 사랑하는 것은 하면 좋고 안하면 그만인 일이 아니라 우리가 반드시 해야 하는 일입니다. 그것은 우리가 하나님이 지으신 피조물이기 때문입니다.

1. 마가복음 12:30을 읽어보면 '마음'을 다하고 '목숨'을 다하고 '뜻'을 다하고 '힘'을 다하여 주 너의 하나님을 사랑하라고 하십니다. 이것들이 각각 어떤 의미를 가지고 있는지 생각해 보고 서로 이야기해 봅시다.

2. 레위기 19:18을 읽어보면 '이웃 사랑하기를 네 몸과 같이 하라. 나는 여호와니라'고 말씀하십니다. 하나님이 하나님이신 것과 이웃 사랑하기가 어떤 관계가 있어서 이런 말씀을 하신 것인지 생각해 봅시다.

순종할 수 있을까?

우리는 피조물이기 때문에 창조주 하나님의 명령에 반드시 순종해야 합니다. 그렇다면 우리는 하나님의 명령에 순종해서 하나님을 사랑하고 이웃을 사랑할 수 있을까요? 하나님의 율법에 순종하여 죄 없는 인생을 살 수 있을까요? 성경은 그 질문에 단호히 대답합니다. '의인은 없나니 하나도 없다'고 말이죠. 우리는 하나님의 말씀에 순종할 수 있는 의지도, 능력도 없습니다. 오히려 그 말씀을 거부하고 우리 마음대로 행하여 하나님의 뜻과는 상관없이 살아가는 것을 더 좋아합니다. 그것이 바로 우리들의 상태입니다.

1. 율법을 지키지 않는 자들은 어떤 상태에 있습니까? 갈라디아서 3:10을 읽고 확인합시다. 자연 상태의 모든 사람은 어떤 상태에 있습니까?

2. 바울은 또한 인간의 상태에 대해서 어떻게 설명하고 있습니까? 로마서 8:7을 읽고 자신의 상태에 대해서 생각해 봅시다. 우리는 바울이 이야기하는 이 상태에서 벗어나 있습니까?

3. 하나님을 알지 못하는 사람들이 어떤 상태인지 에베소서 2:3을 찾아서

읽어보고 이야기해 봅시다.

정리

1. 우리의 상태가 (   )와 (   ) 가운데 있다는 사실을 알게 하는 것은 하나님이 주신 (   )입니다.

2. 율법은 우리에게 (   )을 사랑하고 이웃을 (   )하라고 가르치나 우리는 그 말씀을 지킬 수 없는 (   )들입니다.

실천

1. 하나님을 사랑하기 위해서 우리가 할 수 있는 가장 쉬운 일이 무엇인지 생각하고 실천합시다.

2. 이웃을 사랑하기 위해서 우리가 할 수 있는 가장 쉬운 일이 무엇인지 생각하고 실천합시다.

인간의 창조와 타락

03

지난 시간에 우리는 인간이 하나님의 율법을 지킬 능력이 없을 뿐만 아니라 적극적으로 이를 거부하고자 하는 본성을 가지고 있다는 사실을 배웠습니다. 인간은 본성상 하나님과 이웃을 미워하는 존재입니다. 이런 악한 본성은 어디에서 왔을까요?

제 6 문 그러면 하나님께서는 사람을 그렇게 악하고 패역한 상태로 창조하셨습니까?

답 . . 아닙니다. 하나님은 사람을 선하게, 또한 자신의 형상, 곧 참된 의와 거룩함으로 창조하셨습니다. 이것은 사람으로 하여금 자신의 창조주 하나님을 바르게 알고, 마음으로 사랑하며, 영원한 복락 가운데서 그와 함께 살고, 그리하여 그분께 찬양과 영광을 돌리기 위함입니다.

제 7 문 그렇다면 이렇게 타락한 사람의 본성은 어디에서 왔습니까?

답 . . 우리의 시조인 아담과 하와가 낙원에서 타락하고 불순종한 데서 왔습니다. 그때 사람의 본성이 심히 부패하여 우리는 모두 죄악 중에 잉태되고 출생합니다.

제 8 문 그렇다면 우리는 그토록 부패하여 선은 조금도 행할 수 없으며 온갖 악만 행하는 성향을 지니고 있습니까?

답 · · 그렇습니다. 우리가 하나님의 성령으로 거듭나지 않는 한 참으로 그렇습니다.

사람의 창조

기독교 신앙의 시작이자 핵심을 한 가지만 말해본다면, 그것은 하나님이 세상과 인간을 창조하셨다는 고백일 것입니다. 하나님은 온 세상을 창조하신 분이시자 우리 인간을 만드신 창조주이십니다. 그분은 주인이시며 인간은 그의 피조물입니다. 그러나 인간이 다른 피조물들과 다른 독특함을 가지고 있는데 그것은 하나님이 다른 모든 것은 말씀으로 창조하셨지만 인간만큼은 하나님의 형상으로 창조하셨다는 점입니다. 하이델베르크 요리문답은 그 하나님의 형상이라는 말의 의미를 참된 의와 거룩함과 하나님에 대한 지식과 사랑, 그분과의 동행이며 이를 통해 하나님께 찬양과 영광을 돌리기 위함이라고 설명하고 있습니다. 인간은 원래 이렇게 하나님의 형상을 닮은 선한 존재로 창조되었습니다.

1. 하나님은 인간을 창조하신 후 '보시기에 심히 좋았다(창세기 1:31)'라고 말씀하고 계십니다. 나 자신을 보고, 옆의 이웃을 볼 때 하나님이 보시기에 심히 좋아하실 만한 어떤 것이 있을까요?

2. 하나님은 다른 피조물과 달리 하나님의 형상대로 창조된 인간이 어떤 존재가 되어야 할지를 말씀하십니다. 창세기 1:26을 읽어보고 원래 인간은 어떤 존재가 되어야 했을지를 생각해 봅시다.

3. 성경은 하나님의 형상대로 지음 받았다는 의미를 우리에게 가르쳐 주고 있습니다. 에베소서 4:24과 골로새서 3:10을 찾아서 읽어보고 그것이

어떤 것이며 구체적으로 어떤 의미를 가졌는지에 대해 서로 이야기해
봅시다.

4. 인간은 하나님의 형상을 따라 지음받았습니다. 하나님이 자신의 형상으
   로 인간을 만드신 목적이 무엇인지를 시편 8:6과 요한계시록 4:11을 통
   해서 확인해 봅시다.

인간의 타락한 본성

이렇게 하나님의 형상에 따라서 선하게 창조된 피조물인 인간은 그 피조물의 자리에
서 하나님께 순종하지 않고 자신의 욕심에 따라 살아가는 타락한 존재가 되었습니다.
선악과를 따먹지 말라는 하나님의 명령을 거부하고 그것을 따먹어 불순종했습니다.
그 죄악은 아담과 하와의 후손들인 모든 인류에게 전달되어서 모든 사람들이 함께 타
락하여 불순종하는 존재가 되었습니다.

1. 아담과 하와의 범죄가 어떻게 모든 인류의 범죄가 될 수 있었을까요? 로
   마서 5:12, 또 18~19을 읽고 그 이유에 대해서 생각해 봅시다.

2. 시편 51:5은 아담과 하와의 죄의 결과로 우리가 어떤 존재가 되었는지를
   알려줍니다. 찾아서 읽어보고 그것이 정말 그러한지 생각해 봅시다.

3. 아담과 하와가 선악과를 따먹은 행위는 다음과 같은 죄들을 내포하고 있
   습니다. 이것들을 우리의 상태와 비교해 봅시다.
   (1) 하나님의 명령에 대한 불순종
   (2) 마귀와 연합
   (3) 하나님과 같이 되려는 야심

(4) 쾌락주의

(5) 교만

(6) 불신앙

죄 를 지 은 인 간 의 상 태

이렇게 타락한 자의 후손인 우리들은 아담과 하와의 범죄 안에서 같이 타락하고 죄를 짓는 존재가 되었습니다. 우리 인간은 부패했으며 선은 조금도 행할 수 없고 악으로만 가득한 존재입니다. 이를 전적 타락, 또는 전적 부패라고 합니다. 우리 안에는 그 어떤 선도 없습니다.

1. 인간의 악함은 날마다 더해져서 어제보다 오늘이, 오늘보다 내일이 더 악한 존재가 되는 것이 아닙니다. 인간은 선악과를 먹은 이후 즉시 타락하고 범죄한 존재가 되었습니다. 창세기 6:5은 역사의 초기부터 인간이 그런 악한 존재였음을 고발하고 있습니다. 찾아서 읽어보고 어떤 이야기가 전개되는지 확인해 봅시다.

2. 이런 죄와 비참함에서 벗어나는 유일한 방법은 무엇입니까? 요한복음 3:3, 5을 찾아서 읽어보고 서로 이야기해 봅시다.

정리

1. 인간은 하나님의 (   )을 따라 (   )와 (   )와 (   )을 가진 존재로 (   )을 위하여 지음 받았습니다.

2. (   )과 (   )는 하나님의 명령에 (   )하여 (   )했으며 그 후손인 우리들도 (   )을 행할 수 없고 오직 (   )만 행하는 존재가 되었습니다.

1. 우리가 얼마나 죄를 짓는 존재인지 다음 한 주 동안 짓는 죄의 목록을 작성해 봅시다.

2. 이러한 죄에서 벗어나기 위해서 우리에게 필요한 것이 무엇인지 일주일 동안 생각해 보고 다음 주에 모여서 이야기해 봅시다.

인간의 타락과 하나님의 심판

요리문답

인간은 하나님의 형상을 따라 하나님의 영광을 위한 존재로 지음 받았지만, 하나님의 명령에 불순종하여 범죄하고 악을 행하는 존재가 되었습니다. 하나님은 공의의 하나님이시기에 그런 인간의 죄악을 가만 두지 않으시고 심판하십니다.

제 9 문 하나님께서 사람이 행할 수 없는 것을 그의 율법에서 요구하신다면 이것은 부당한 일이 아닙니까?

답 . . 아닙니다. 하나님은 사람이 행할 수 있도록 창조하셨으나, 사람은 마귀의 꾐에 빠져 고의로 불순종하였고, 그 결과 자기 자신뿐 아니라 그의 모든 후손도 하나님의 그러한 선물을 상실하게 되었습니다.

그러하므로 그의 성신으로 그분은 나에게 영생을 확신시켜 주시고, 이제부터는 마음을 다하여 즐거이 그리고 신속히 그를 위해 살도록 하십니다.

제10 문 하나님께서는 그러한 불순종과 반역을 형벌하지 않고 지나치시겠습니까?

답 . . 결코 그렇지 않습니다. 하나님께서는 원죄와 자범죄 모두에 대해 심히 진노하셔서 그 죄들을 이 세상에서 그리고 영원히 의로운 심판으로 형벌하실 것입니다. 하나님께서는 "누구든지 율법 책에 기록된 대로 온갖 일을 항상 행하지 아니하는 자는 저주 아래 있는 자라"(갈3:10)고 선언하셨습니다.

제 11 문   그러나 하나님은 또한 자비하신 분이 아닙니까?

답 . .   하나님은 참으로 자비하신 분이나 동시에 의로우신 분입니다. 죄는 하나님
의 지극히 높으신 엄위를 거슬러 짓는 것이므로 하나님의 공의는 이 죄에
대해 최고의 형벌, 곧 몸과 영혼에 영원한 형벌을 내릴 것을 요구합니다.

성경으로의 접근

율법과 불순종

사람들이 가끔 착각하는 것은 우리의 죄악이 하나님 때문이라고 생각한다는 점입니
다. 하나님은 고의로 인간을 괴롭게 하기 위해서 인간이 지키지도 못할 율법을 만드
셔서 지키도록 요구하셨고 이를 지키지 못하는 인간을 벌하신다고 말입니다. 그러나
실상은 그렇지 않습니다. 하나님은 인간을 창조하실 때에 율법을 지킬 수 있는 능력
과 의지를 가진 존재로 창조하셨지만 인간은 욕심에 빠져서 고의로 하나님의 율법을
어겼으며 죄 가운데 빠졌습니다. 이는 아담과 하와만이 아니라 그의 모든 후손들에게
주어질 하나님의 선물을 빼앗아버리는 결과를 낳게 했습니다.

1. 하나님은 사람이 율법을 지킬 수 있는 존재로 창조하셨습니다. 그 증거를
   창세기 1:27에서 찾아 보고 어떤 의미인지 3과에서 확인해 봅시다.

2. 또한 하나님의 율법을 지켜야 할 당위성은 또 있었습니다. 그것이 무엇인
   지 창세기 2:16~17을 읽어보고 생각해 봅시다.

하나님의 진노

창조주 하나님은 피조물인 인간을 자신의 형상으로 만드셨을 뿐만 아니라 그들이 복
과 안전 속에서 영생을 누릴 수 있는 방법을 제시하셨습니다. 그러나 인간은 하나님
과 같이 되리라는 욕심에 휩싸여 그 방법을 거부하고 범죄하였습니다. 하나님은 거

룩하신 분이시고 죄가 없으신 분이라서 죄를 지은 인간과 함께 하시지 않는 분이십니다. 그분은 원죄와 자범죄 모두에 대해서 지극히 진노하셔서 영원히 심판하십니다.

1. 로마서 5:12을 읽어보고 원죄가 무엇인지 알아 봅시다.

2. 다음의 성경 구절들을 찾아서 읽고 자범죄의 특징에 대해서 서로 이야기해 봅시다.

   (1) 마태복음 15:19

   (2) 갈라디아서 5:19~21

   (3) 야고보서 1:14, 15

3. 다음의 성경구절을 찾아서 요약하고 하나님 앞에 죄인의 결말은 어떻게 되는지 이야기해 봅시다.

   (1) 시편 5:4, 5

   (2) 나훔 1:2

4. 결론적으로 제10문의 갈라디아서 3:10에서 이야기하는 '저주 아래 있는 자'라는 의미는 무엇일까요?

하나님의 의로우심과 자비

하나님은 의로우신 분이십니다. 그분은 죄에 대해서 반드시 심판하시는 분이시며 그 심판은 몸과 영혼으로 받는 영원한 형벌입니다. 그러나 또한 하나님은 자비로우신 분입니다.

1. 하나님은 의로우신 분입니다. 그 의로움의 특징이 어떤 것인지 마태복음 25:46을 읽고 두 가지로 이야기해 봅시다.

2. 하나님이 가장 싫어하시는 죄악이 무엇인지 데살로니가후서 1:8을 읽고 찾아 봅시다.

3. 하나님은 또한 자비로우신 분이십니다. 하나님의 자비의 특징을 다음 구절들을 통해서 알아 봅시다.
   (1) 출애굽기 20:6
   (2) 출애굽기 34:6

하나님의 자비는 반드시 죽어야 하는 인간을 죽음에 이르지 않게 보호하시며 생명으로 이끄는 은혜를 베푸십니다. 그 은혜가 무엇인지는 다음 주에 살펴보도록 합시다.

정 리

1. 인간은 ( )을 지킬 수 있는 능력이 있는 존재로 창조되었으나 이를 고의로 어겨서 하나님의 ( )를 사게 되었습니다.

2. 하나님은 ( )로우시나 또한 ( )로우셔서 인간의 범죄를 반드시 ( )하십니다.

실 천

1. 반복해서 저지르는 자범죄가 어떤 것이 있는지 한 주 동안 생각해 보고 하나님의 오래 참으시는 은혜를 경험합시다.

2. 믿는 자들에게 베푸시는 하나님의 은혜가 무엇인지 묵상합시다.

05 하나님의 의를 만족시키는 은혜의 중보자

비록 죄를 짓고 몸과 영혼에 영원한 형벌을 받아 죽어야 하는 인간이지만 자비로우신 하나님은 인간을 구원하십니다. 그러나 인간은 죄인이기 때문에 그 죄에 대한 형벌을 받아 하나님의 의로우심을 만족시켜야 합니다. 죄인인 인간은 그 누구도 이것을 할 수 없기에 인간과 하나님 사이의 중보자가 필요합니다.

제12문 **하나님의 의로운 심판에 의해 우리는 이 세상에서 그리고 영원히 형벌을 받아 마땅한데, 어떻게 이 형벌을 피하고 다시 하나님의 은혜를 입을 수 있겠습니까?**

답 . . 하나님께서는 자신의 의가 만족되기를 원하십니다. 따라서 우리는 우리 스스로든 아니면 다른 이에 의해서든 죗값을 완전히 치러야 합니다.

그러하므로 그의 성신으로 그분은 나에게 영생을 확신시켜 주시고, 이제부터는 마음을 다하여 즐거이 그리고 신속히 그를 위해 살도록 하십니다.

제13문 **우리가 스스로 하나님의 의를 만족시킬 수 있습니까?**

답 . . 결코 그렇지 않습니다. 오히려 우리는 날마다 우리의 죄책을 증가시킬 뿐입니다.

제 14 문   어떠한 피조물이라도 단지 피조물로서 우리를 대신하여 하나님의 의를
           만족시킬 자가 있습니까?

답 . .   하나도 없습니다. 첫째, 하나님께서는 인간의 죄책 때문에 다른 피조물을
           형벌하기를 원치 않으십니다. 둘째, 어떠한 피조물이라도 단지 피조물로
           서는 죄에 대한 하나님의 영원한 진노의 짐을 감당할 수도 없고, 다른 피조
           물을 거기에서 구원할 수도 없습니다.

제 15 문   그렇다면 우리는 어떠한 중보자와 구원자를 찾아야 합니까?

답 . .   참인간이고 의로운 분이시나 동시에 참 하나님이고 모든 피조물보다 능력
           이 뛰어나신 분입니다.

성경으로의 접근

형벌을 피하고 은혜를 받는 법

지난 시간에 마지막 부분에서 살펴봤듯이 하나님은 자비로우신 분이셔서 죄를 지은
인간들이라 해도 모두 멸망으로 가는 것을 원치 않으시고 그들에게 자비를 베푸시기
를 원하십니다. 그러나 그럼에도 불구하고 하나님은 여전히 의로우신 분이어서 죄를
용서받고 구원받기 위해서는 그분의 의로우심을 만족시켜야 합니다. 죄를 지을 수밖
에 없는 우리 인간이 스스로 죗값을 치러 하나님의 의로우심을 만족시키고 구원에 이
를 수 있을까요? 결코 그럴 수 없습니다.

1. 시편 49:7, 8을 읽어 봅시다. 우리의 죄악에 대해서 우리는 얼마만큼의 댓가
   를 지불해야 합니까? 우리가 우리 모든 죄의 값을 치루는 것이 가능합니까?

2. 로마서 2:5을 읽고 우리의 죄가 어디로부터 왔는지 다시 한번 생각해 봅
   시다. 혹시 우리는 스스로 죄 없는 자라 생각하고 있지는 않습니까?

중보자

우리는 죄인입니다. 물에 빠져 죽어가는 사람이 스스로의 몸을 물 밖으로 건져낼 수 없듯이 죄에 빠져 허우적거리는 우리를 같은 죄인이 구해낼 수 없습니다. 그러나 죄를 지은 것이 인간이기에 다른 피조물이 아니라 반드시 인간만이 인간의 죗값을 치르고 하나님의 의로우심을 만족시킬 수 있습니다. 그러므로 우리는 참된 인간이자 참된 하나님이신 구속자를 필요로 합니다.

1. 인간이 아닌 다른 피조물의 죽음이 인간의 죽음을 대신 할 수 있습니까? 히브리서 10:4을 읽고 이야기해 봅시다.

2. 다른 피조물이 아니라 다른 사람이라면 내 죗값을 대신 치르는게 가능할 까요? 여기에 대해서 나훔 1:6과 시편 130:3은 뭐라고 이야기하고 있습니까?

3. 참선이나 선행, 종교적 행위를 통해서 스스로를 구원할 수 있다고 주장하는 다른 종교들의 가르침은 옳은 것일까요? 우리는 과연 우리 스스로를 구원할 수 있습니까?

참된 인간, 참된 하나님

이렇게 우리를 대신해서 하나님의 의를 만족시킬 수 있는 분은 특별한 존재여야 합니다. 그분은 참된 인간이자 참된 하나님이어야만 합니다. 그분은 참된 인간이어야 인간을 대표하고 또한 대신해서 하나님 앞에 인간의 죗값을 치를 수 있으며, 또한 참된 하나님이어야 하나님의 신적인 공의를 완전히 만족시킬 수 있습니다. 100퍼센트의 인간이자 100퍼센트의 하나님이신 존재만이 우리의 죄를 대신해서 값을 치루실 수 있고 우리를 구원하시는 구원자이자 중보자가 될 수 있습니다.

1. 우리의 중보자가 반드시 참된 사람이어야만 하는 이유를 고린도전서 15:21을 찾아서 읽고 이야기해 봅시다.

2. 우리의 중보자가 참된 사람이지만 우리와 다른 점은 무엇인지 히브리서 7:26을 읽고 이야기해 봅시다.

3. 우리의 중보자가 참된 하나님이라는 사실은 신약성경을 통해서만이 아니라 구약성경을 통해서도 알 수 있습니다. 이사야 9:6을 읽고 이를 확인해 봅시다.

4. 예레미야 23:6에서는 우리를 구원하실 분이 누군지를 분명하게 가르쳐 주고 있습니다. 확인해 봅시다.

이렇게 우리를 구원하시기 위해서 중보자가 되신 참된 사람, 참된 하나님은 누구십니까? 그 분은 예수 그리스도십니다. 다음 주에는 예수님의 인성과 신성에 대해서 더 알아 봅시다.

정리

1. 그 어떤 (   )이나 다른 (   )도 나의 죄를 대신해서 하나님의 (   )을 만족시킬 수 없습니다.
2. 우리를 구원할 중보자는 반드시 참된 (   )이자 참된 (   )이셔야 합니다.

실천

1. 우리의 죄는 스스로 용서받을 수 없는 것임을 잘 기억하면서 이를 애통히 여길 수 있는 마음을 달라고 하나님께 구합시다.
2. 우리에게 참 사람이자 참 하나님이신 중보자를 보내주신 하나님께 감사하는 일주일이 되도록 합시다.

참 인간이자 참 하나님 그리스도

06

인간이 스스로 죄인임을 바로 깨닫게 되면 스스로를 구원할 수 없고 구원자가 필요하다는 것을 알게 됩니다. 이 지식은 성령님이 베푸신 은혜의 결과입니다. 우리의 구원자는 참된 사람이시자 참된 하나님이십니다. 그분은 우리의 죗값을 대신 치러서 우리를 구원하십니다.

제 16 문 중보자는 왜 참 인간이고 의로운 분이셔야 합니까?

답 . . 하나님의 의는 죄지은 인간이 죗값 치르기를 요구하나, 누구든지 죄인인 사람으로서는 다른 사람을 위해 값을 치를 수 없기 때문입니다.

제 17 문 중보자는 왜 동시에 참 하나님이셔야 합니까?

답 . . 그의 신성의 능력으로, 하나님의 진노의 짐을 그의 인성에 짊어지시며, 또한 의와 생명을 획득하여 우리에게 돌려주시기 위함입니다.

제 18 문 그러나 누가 참 하나님이시며 동시에 참 인간이고 의로우신 그 중보자입니까?

답 . . 우리 주 예수 그리스도, 즉 하나님께로 나와서 우리에게 지혜와 의로움과 거룩함과 구속함이 되신 분입니다.

제19문   당신은 이것을 어디에서 압니까?

답 . .   거룩한 복음에서 압니다. 하나님께서는 이 복음을 처음에 낙원에서 친히
         계시하셨고, 후에는 족장들과 선지자들을 통해 선포하셨으며, 또한 율법
         의 제사들과 다른 의식들로써 예표하셨고, 마지막에는 그의 독생자를 통
         해 완성하셨습니다.

성경으로의 접근

참된 사람이신 구원자

우리의 구원자는 참된 사람이어야 합니다. 그것은 죄를 지은 것이 다른 피조물이 아
닌 인간이기 때문입니다. 인간은 자신의 죄에 책임을 져야 합니다. 그러나 타락한 인
간의 죄악은 너무나도 크고, 타락한 인간은 전적으로 부패하고 전적으로 무능력해서
이 죗값을 다 치를 수 없습니다. 죄 지은 인간을 대신할 존재는 오직 완전한 인간밖에
없습니다. 이 완전한 인간이 우리를 대신해서 하나님의 진노를 받아 죗값을 치를 수
있습니다. 그리고 이 완전한 인간은 역사를 통틀어서 단 한 분이었습니다.

1. 에스겔 18:4과 20절을 읽어보고 하나님은 죗값을 치루는 것에 대해서
   어떻게 말씀하셨는지 확인해 봅시다. 지은 죄의 일부만 갚으면 되는 걸
   까요?

2. 베드로전서 3:18을 읽어보고 그리스도의 죽음이 가진 두 가지 의미를 알
   아 봅시다.

참 하나님이신 구원자

우리의 구원자는 참 사람일뿐만 아니라 또한 참 하나님이셔야 합니다. 왜냐하면 평범
한 한 사람의 죽음으로는 무한하신 하나님의 공의를 만족시킬 수 없기 때문입니다.

사람은 모든 면에서 유한한 존재이나 하나님은 무한하신 분이기 때문에 그렇습니다. 모든 인류의 죄를 짊어지고, 하나님의 공의를 만족시키는 것은 참된 하나님만이 하실 수 있는 일입니다.

1. 시편 130:3과 나훔 1:6은 인간으로서는 하나님의 공의를 만족시킬 수 없는 이유를 우리에게 가르쳐주고 있습니다. 어떤 내용인지 확인해 봅시다.

2. 참된 하나님은 인간을 구원하기 위해 스스로 인간과 같은 존재가 되어서 이 땅에 내려 오셨습니다. 그리고 인간이 치러야 할 죗값을 인간이 받아야 할 바로 그 형벌을 통해 치르셨습니다. 어떤 것인지 요한복음 10:17, 18을 읽고 이야기해 봅시다.

3. 우리의 구원자는 자신의 몸으로 죗값을 치르시고 그 열매를 우리에게 선물로 주셨습니다. 어떤 열매인지 다음의 성경 구절들을 통해서 알아 봅시다.
   (1) 이사야 54:8
   (2) 요한복음 3:16
   (3) 고린도후서 5:21

구원자 예수 그리스도

하나님은 우리에게 자신의 아들을 우리의 구원자로 보내주셨습니다. 그분은 예수 그리스도이십니다. 신구약 성경은 그분에 대한 약속과 그 약속의 성취를 우리에게 보여주고 있습니다. 하나님의 아들이 우리에게 보내져서 우리의 죗값을 대신 갚을 것이라는 약속은 첫 인간의 타락으로부터 인간에게 알려져서 점점 구체화 되었습니다. 그리고 예수 그리스도의 오심과 십자가의 죽음과 부활을 통해서 이 약속이 성취되었음을 우리에게 알려 주셨습니다.

1. 디모데전서 2:5을 찾아서 읽고 외웁시다.

2. 예수 그리스도에 대한 첫 번째 계시는 창세기 3:15에 등장합니다. 찾아서 읽고 어떤 내용인지 이야기해 봅시다.

3. 하나님은 자신을 소개하실 때 언제나 아브라함과 이삭과 야곱의 하나님 이라고 하셨습니다. 그것은 이 세 명의 족장들과 맺은 언약 때문입니다. 다음 구절들을 읽어보고 누구와 맺은 어떤 약속인지 알아 봅시다.
   (1) 창세기 12:3
   (2) 창세기 26:4
   (3) 창세기 28:14

4. 하나님께서는 요셉의 입을 빌어서 예수 그리스도께서 어떤 혈통으로 이 땅에 태어나게 되실지를 알려 주셨습니다. 창세기 49:10을 읽고 누구의 자손으로 오셔서 어떤 신분을 지니게 되실지를 이야기해 봅시다.

5. 예수 그리스도에 대해서 베드로는 무엇이라고 증거했는지 사도행전 10:43을 읽고 알아 봅시다.

6. 하나님은 모세를 통해서 이스라엘 백성들에게 율법을 주셨습니다. 이 율 법이 결국 무엇을 의미하는지 요한복음 5:46과 로마서 10:4, 또 갈라디아 서 3:24을 읽고 이야기해 봅시다.

7. 히브리서 1:1, 2을 읽고 오랜 세월 동안 전해져 온 하나님의 약속이 예수 그리스도에게서 마침내 이루어지는 것을 본 초대교회 성도들이 느꼈을 기쁨은 얼마나 컸을지 생각해 봅시다. 우리도 그와 같은 기쁨을 가지고 하나님께 감사합시다.

정 리

1. 인간의 죄악은 (   )만이 그 죗값을 치를 수 있기 때문에 우리의 중보자는 참된 (   ) 이어야 합니다.

2. 유한한 우리는 무한한 하나님의 의를 만족시킬 수 없기에 우리의 중보자는 참된 (   ) 이어야 합니다.

3. 우리의 중보자는 (   )신대, 우리는 이를 (   )의 증거로 알 수 있습니다.

실 천

1. 하나님의 무한하심을 묵상하며 우리를 향한 하나님의 사랑도 무한함을 알고 감사 합시다.

2. 우리에게 예수 그리스도를 보내주심을 기뻐하며 우리의 삶을 통해 어떻게 감사할 수 있을지 작은 것이라도 구체적으로 생각하고 실천합시다.

민음에 관하여

07

예수 그리스도께서는 우리의 죗값을 대신 치르시고 우리를 구원하셨습니다. 그분의 구원의 은혜는 모든 사람을 위한 것이 아닌 믿음으로 이를 받아들이는 자들만을 위한 것입니다. 이 믿음은 사도신경에 요약되어 있습니다.

제 20 문 그러면 아담 안에서 모든 사람이 멸망한 것처럼 그리스도를 통하여 모든
사람이 구원을 받습니까?

답 . . 아닙니다. 참된 믿음으로 그리스도에게 연합되어 그의 모든 은덕을 받아
들이는 사람들만 구원을 받습니다.

제 21 문 **참된 믿음이란 무엇입니까?**

답 . . 참된 믿음은 하나님께서 그의 말씀에서 우리에게 계시하신 모든 것이 진
리라고 여기는 확실한 지식이며 동시에 성령께서 복음으로써 내 마음속에
일으키신 굳은 신뢰입니다. 곧 오직 그리스도의 공로 때문에 하나님께서
죄 사함과 영원한 의로움과 구원을 다른 사람뿐 아니라 나에게도 주심을
믿는 것입니다.

제 22 문 **그러면 그리스도인은 무엇을 믿어야 합니까?**

답 . . 복음에 약속된 모든 것을 믿어야 합니다. 이 복음은 보편적이고 의심할 여

지 없는 우리의 기독교 신앙의 조합들인 사도신경이 요약하여 가르쳐 줍니다.

제 23 문   사도신경의 조항들은 무엇입니까?

답   .   .   사도신경 본문을 확인하세요.

성경으로의 접근

누 가 구 원 을 받 는 가

참된 사람이시자 참된 하나님이신 예수 그리스도께서 베푸신 은혜는 우리를 용서와 구원으로 이끄십니다. 그러나 그 은혜는 모든 사람이 받을 수 있는 것이 아닙니다. 오직 믿음으로 그 은덕을 받아들이는 사람만이 구원을 받습니다.

1. 어떤 사람들은 세상의 모든 사람들을 구원하실 능력이 예수님께 있기 때문에 결국에는 세상 모든 사람들이 구원을 받게 될 것이라고 주장합니다. 성경은 여기에 대해서 어떻게 이야기하고 있는지 마태복음 7:14, 22:14을 읽고 이야기해 봅시다.

2. 모든 사람이 구원받는 것이 아니라면 어떤 사람이 구원받을 수 있습니까? 히브리서 11:6과 로마서 3:22을 읽고 생각해 봅시다.

3. 이 구원에 이르게 하는 믿음은 그러면 어디서 오는 것일까요? 요한복음 1:12, 13을 읽고 서로 이야기해 봅시다.

참 된 믿 음

우리를 구원으로 인도하는 것은 참된 믿음입니다. 그것은 우리의 감정이나 우리 속에서 나온 어떤 것이 아닙니다. 그것은 철저하게 성경에 계시된 하나님의 말씀에 근거

합니다. 믿음은 지식에서 시작됩니다. 그러나 그것은 지식으로만 그치지 않고 철저한 신뢰로 나아갑니다. 하나님의 말씀을 알고, 그것을 전인을 통해 철저히 신뢰하며 따르는 것이 믿음입니다.

1. 요한복음 17:3과 마태복음 16:17을 읽읍시다. 우리 믿음의 특징이 무엇인지 이 두 구절을 통해서 확인해 봅시다.

2. 이 믿음은 무엇을 통해서 우리에게 알려졌습니까? 이 믿음과 구원을 통해서 우리가 해야 할 일은 무엇일까요? 로마서 1:16과 로마서 10:17을 통해서 각각 확인해 봅시다.

3. 믿음은 또한 지식만이 아닌 굳은 신뢰입니다. 신뢰가 무엇인지 다음 구절들을 통해서 알아 봅시다.
   (1) 시편 9:10
   (2) 로마서 4:20, 21
   (3) 에베소서 3:12

4. 이 믿음은 어떻게 해야 얻을 수 있습니까? 우리의 노력이나 행위로 이러한 믿음을 얻을 수 있을까요? 성경이 하는 이야기를 들어 봅시다. 로마서 3:24입니다.

5. 믿음은 나에게 의로움과 구원을 줍니다. 성경은 이를 분명히 이야기합니다. 믿음으로 우리는 의인이라 불리게 되고 하나님께서 베푸시는 구원을 받습니다. 갈라디아서 2:16과 에베소서 2:8을 읽고 확인해 봅시다.

무엇을 믿을까

우리는 하나님이 주신 믿음으로 구원을 받습니다. 그리고 우리가 믿어야 할 모든 것은 복음을 통해 우리에게 알려지고 약속되었습니다. 하나님께서는 자신의 뜻을 숨기지 않으시고 자신이 사랑하는 자들에게 가르쳐 주십니다. 교회는 이천 년간의 역사를 통해 그 내용을 정리하고 고백해 왔습니다. 그리고 그 고백 가운데 가장 중요하고 기본적인 것은 사도신경입니다. 하나님을 믿고 의와 구원을 얻은 사람들은 사도신경으로 자신의 신앙을 고백합니다.

1. 이 복음의 가장 중요한 핵심을 요한복음 20:21이 우리에게 잘 알려주고 있습니다. 찾아서 읽어 봅시다.

2. 사도신경을 함께 외워 봅시다.

정리

1. 하나님이 (   )을 주신 자들만 (   )을 받을 수 있습니다.
2. 믿음은 (   )만이 아니라 (   )이며 (   )께로 나아가는 것입니다.
3. 우리가 믿어야 할 가르침은 (   )경에 요약되어 있습니다.

실천

1. 우리의 믿음은 단순한 지식인지 아니면 하나님을 신뢰하여 그분과 동행하는 삶인지 생각해 봅시다. 그리고 한 주간 하나님의 말씀에 순종할 것이 무엇인지 생각하고 실천해 봅시다.

2. 사도신경의 내용이 어떤 의미인지 묵상하는 한 주를 보냅시다.

성부 하나님에 관하여

08

우리의 믿음이 무엇인지를 알려주는 사도신경은 삼위일체에 대한 믿음을 고백합니다. 그 첫 시작은 성부 하나님에 대한 고백입니다. 성부 하나님은 우리의 아버지이시며 전능하셔서 천지를 창조하신 분입니다.

제 24 문   이 조항들은 어떻게 나누어집니까?

답 . .   세 부분으로 나누어집니다. 첫째, 성부 하나님과 우리의 창조, 둘째, 성자 하나님과 우리의 구속, 셋째, 성신 하나님과 우리의 성화에 관한 것입니다.

제 25 문   오직 한 분 하나님만 계시는데, 당신은 왜 삼위, 곧 성부, 성자, 성신을 말합니까?

답 . .   왜냐하면 하나님께서 자신을 그의 말씀에서 그렇게 계시하셨기 때문입니다. 곧 이 구별된 삼위는 한 분이시오, 참되고 영원하신 하나님이십니다.

제 26 문   "전능하신 성부 하나님, 천지의 창조주를 나는 믿사오며"라고 고백할 때, 당신은 무엇을 믿습니까?

답 . .   우리 주 예수 그리스도의 영원하신 아버지께서 아무것도 없는 중에서 하늘과 땅과 그 가운데 있는 모든 것을 창조하셨고, 또한 그의 영원한 작정과 섭리로써 이 모든 것을 여전히 보존하고 다스리심을 믿으며, 이 하나님께서 그의 아들 그리스도를 통해 나의 하나님과 나의 아버지가 되심을 나는 믿습니다. 그분을 전적으로 신뢰하기에 그가 나의 몸과 영혼에 필요한 모든 것을 채워 주시며, 이 눈물 골짜기 같은 세상에서 당하게 하시는 어떠한 악도 합력하여 선을 이루게 하실 것을 나는 조금도 의심치 않습니다. 그는 전능하신 하나님이기에 그리하실 수 있고, 신실하신 아버지이기에 그리하기를 원하십니다.

성경으로의 접근

삼위일체

하나님은 한 분이시자 세 분이십니다. 성경에 삼위일체라는 단어는 나오지 않지만 성경의 여러 부분에서 하나님은 한 분이시자 세 분이시라는 사실을 가르쳐 줍니다. 피조물인 인간은 창조주이신 하나님을 완전하게 아는 것이 불가능합니다. 삼위일체도 그런 하나님의 신비에 속합니다. 우리는 성경이 알려주는 것까지 아는 것으로 만족해야 합니다.

1. 하나님은 한 분이십니다. 그것이 어떤 의미인지 이사야 45:5을 읽고 확인해 봅시다.

2. 하나님이 한 분이시라는 사실은 우상숭배가 얼마나 허무한 일인지를 우리에게 알려주십니다. 고린도전서 8:4, 6을 읽고 우상에 대해서 우리가 어떤 태도를 취해야 할지 이야기해 봅시다.

3. 마태복음 28:19에서는 한 분이신 하나님이 삼위로 존재하신다는 것을 우리에게 직접적으로 알려 주고 있습니다. 찾아서 읽고 써 봅시다.

4. 창세기 1:1을 읽고 성부 하나님에 대하여 이야기해 봅시다.

5. 이사야 61:1을 읽고 성자 예수님에 대해서 이야기해 봅시다.

6. 요한복음 14:26을 읽고 성령 하나님에 대해서 이야기해 봅시다.

7. 웨스트민스터 소요리문답은 삼위일체에 대해서 어떻게 이야기합니까?

창조주이신 성부 하나님

성부 하나님은 삼위 하나님의 첫위격이십니다. 성부 하나님은 창조의 주체로서 세상을 창조하신 분이시며 지금도 세상을 보존하고 다스리십니다. 그분은 우리의 아버지가 되십니다. 또한 예수 그리스도를 통한 우리의 구원을 계획하신 분이십니다. 창조의 하나님은 우리가 필요한 모든 것을 채워 주시는 분입니다.

1. 다음 각 구절들을 찾아서 읽어보고 각각 성부 하나님에 관한 어떤 점들을 알려주고 있는지 서로 이야기해 봅시다.
   (1) 창세기 1:1
   (2) 로마서 11:36
   (3) 로마서 8:15
   (4) 마태복음 6:25, 26
   (5) 로마서 8:28
   (6) 창세기 17:1

2. 또한 성부 하나님은 성자 예수님의 존재의 근거가 되십니다. 이는 성부 하나님이 먼저 계셨고 역사의 어느 때에 성자 예수님이 성부 하나님으로

부터 태어났다는 의미가 아닙니다. 삼위 하나님은 동등하게 시간을 벗어나신, 시간을 창조하신 하나님입니다. 성부 하나님이나 성자 예수님이나 성령 하나님까지도 시간의 순서에 따라 더 먼저 생겨나시고 그 다음에 생겨나신 분들이 아닙니다. 다만 성부 하나님은 성자 예수님의 존재의 근거가 되시고, 성부 하나님과 성자 예수님은 성령 하나님의 존재의 근거가 되십니다. 시편 2:7과 히브리서 1:5을 읽어 봅시다. 이는 성부 하나님이 성자 예수님께 하시는 말씀입니다.

삼위일체에 대한 잘못된 설명들

삼위일체는 인간의 이성으로 완전히 이해하기 불가능합니다. 역사적으로 삼위일체에 대한 많은 설명들이 시도되어 왔지만 그 어떤 것도 완벽한 것은 없었습니다. 특히 다음의 두 가지는 삼위일체에 대해 흔히 이야기되는 설명들이지만 틀린 것들입니다.

양태론_ 이것은 삼위 하나님이 다른 모양과 형태로 나타난다는 설명입니다. 예를 들어서 손가락과 손등과 손바닥이 합쳐져서 손이 되듯이 삼위 하나님도 그런 형태로 존재하신다고 설명하거나 하늘의 해가 해 자체와 거기서 나오는 빛, 열로 이해할 수 있는 것처럼 하나님은 해와 같은 본체이시고 예수님은 거기서 나오는 빛과 같고 성령님은 태양의 열과 같은 능력이라고 설명하는 것입니다. 이는 잘못된 설명으로 이런 설명은 이단에 가깝습니다.

단일신론_ 단일신론은 한 분 하나님이 때에 따라서 또는 필요에 따라서 성자나 성령님의 형태를 취하신다는 것입니다. 마치 아버지가 집에서는 아버지, 할아버지에게는 아들, 회사에서는 사원인 것처럼 하나님도 그렇다고 하는 설명이 단일신론적인 설명입니다. 또는 구약시대에 성부로 존재하시던 하나님이 이천 년 전에 예수님으로 자신을 나타내셨고 지금은 성령으로 존재하시며 나타나신다는 설명입니다. 그러나 삼위 하나님은 세 분이 독립적으로 존재하시는 분들입니다. 마가복음 1:10, 11을 읽어보면 삼위 하나님이 각각 한 장면에 등장하는 것을 볼 수 있습니다.

정 리

1. 사도행전은 (   )에 대한 (   )을 고백하고 있습니다.

2. 성경이 하나님을 (   )이시자 (   )이신 존재로 가르치시기에 우리는 그렇게 믿습니다.

3. 성부 하나님은 (   )하셔서 세상을 (   )하신 분이시며 우리의 (   )가 되십니다.

실 천

1. 삼위일체는 이해가 아닌 믿음이 필요한 가르침입니다. 삼위 하나님에 대한 믿음을 달라고 기도합시다.

2. 삼위 하나님은 우리의 구원을 계획하시고 실행하시고 적용하시는 하나님의 은혜를 더욱 풍성히 보여 주십니다(여기에 대해서는 계속해서 배울 것입니다). 우리에게 은혜를 베푸신 삼위일체 하나님을 찬양합시다.

09 하나님의 섭리에 관하여

성부 하나님은 섭리를 베푸시는 분이십니다. 그분은 세상 모든 만물을 창조하셨을 뿐만 아니라 그것들을 지금도 보존하고 다스리시는 분입니다. 그분의 변하지 않으시는 신실하심은 만물의 존재의 근거가 될 뿐만 아니라 우리의 믿음이 헛되지 않으리라는 굳은 확신을 우리에게 주십니다.

제 27 문　**하나님의 섭리란 무엇입니까?**

답　. .　섭리란 언제 어디에나 미치는 하나님의 전능하신 능력으로, 하나님께서 마치 자신의 손으로 하듯이, 하늘과 땅과 모든 피조물을 여전히 보존하고 다스리시는 것입니다. 그리하여 잎새와 풀, 비와 가뭄, 풍년과 흉년, 먹을 것과 마실 것, 건강과 질병, 부와 가난, 이 모든 것이 우연이 아니라 아버지와 같은 손길로 우리에게 임합니다.

그러므로 그의 성신으로 그분은 나에게 영생을 확신시켜 주시고, 이제부터는 마음을 다하여 즐거이 그리고 신속히 그를 위해 살도록 하십니다.

제 28 문　**하나님께서 모든 것을 창조하시고 여전히 보존하신다는 섭리를 아는 것이 우리에게 어떤 유익을 줍니까?**

답　. .　우리는 어떠한 역경에서도 인내하고, 형통할 때에 감사하며, 또한 장래 일에 대해서도 우리의 신실하신 하나님 아버지를 굳게 신뢰하여 어떠한 피조물이라도 우리를 하나님의 사랑에서 끊을 수 없으리라 확신합니다. 모든 피조물이 완전히 하나님의 손안에 있으므로 그의 뜻을 거슬러 일어나거나 되는 일은 하나도 없습니다.

성경으로의 접근

섭리를 베푸시는 하나님

우리가 하나님에 대해 오해하는 것이 있습니다. 그것은 하나님은 법칙을 만들어서 세상에 넣어두신 분이라는 오해입니다. 마치 시계공이 괘종시계를 만들어 추를 한번 들어 흔들어 놓으면 그 다음에는 시계공의 손길이 없이도 추가 흔들리며 분침과 초침이 돌아가듯이 세상도 그렇게 만들어졌다는 생각입니다. 그러나 이는 잘못입니다. 이를 신학적으로 이신론이라 부릅니다. 우리가 믿는 하나님은 시계추를 들었다 놓아 흔들어 놓고 거기서 떨어져 구경하고 계시는 분이 아닙니다. 그분은 계속 시계추를 흔들고 계시는 분이시고, 초침이 한 바퀴 돌 때마다 분침을 한 칸 옮기시는 분이십니다. 하나님은 법칙을 만드신 분이 아니라 하나님의 행위 자체가 법칙입니다. 하나님이 신실하셔서 단 한순간도 쉬지 않으시고 같은 방법으로 일하시기에 그것이 세상의 법칙처럼 보이는 것입니다. 하나님은 일하시는 분이며 그 일은 세상을 보존하시고 통치하시는 일입니다. 우리는 이를 하나님의 섭리라고 부릅니다.

1. 하나님의 섭리의 첫 번째 특징은 무엇인지 예레미야 23:23, 24를 읽고 서로 이야기해 봅시다.

2. 하나님의 섭리의 두 번째 특징에 대해서 시편 145:17을 읽고 확인해 봅시다.

3. 느헤미야 9:6과 시편 103:19을 읽어 봅시다. 하나님은 세상을 창조하신 왕이십니다.

4. 지난 주에 살펴 보았듯이 하나님만이 참되며 유일하신 신이시고 다른 신은 없습니다. 다니엘 4:35을 찾아서 읽어보고 창조주이신 하나님과 피조물인 이 세상이 어떤 관계인지 생각해 봅시다.

5. 그렇다면 사탄은 어떨까요? 사탄은 하나님의 허락 없이 자기가 원하는대로 마음껏 악한 행위를 할 수 있는 것일까요? 욥기 1:12, 2:6을 찾아서 읽고 생각해 봅시다.

6. 성경은 우연히 일어나는 일도 여전히 하나님의 뜻에 달려 있음을 가르치고 있습니다. 잠언 16:33을 읽고 확인해 봅시다.

하나님의 섭리가 우리에게 베푸시는 유익

하나님이 변함없이 신실하시며 그 신실하심으로 세상을 보존하고 통치하신다는 사실은 우리에게 커다란 유익과 위로가 됩니다. 이 세상을 하나님이 통치하시고 보존하시며 그의 뜻이 반드시 이루어지다는 사실을 알게 되면 우리는 인내할 수 있고 감사할 수 있으며 하나님을 더욱 굳게 신뢰할 수 있습니다. 이는 우리의 삶을 주저함 없이 하나님께 바칠 수 있는 이유가 됩니다.

1. 다음 구절들을 찾아보고 하이델베르크 요리문답이 우리에게 알려주는 하나님 섭리의 유익이 어떤 것인지 성경을 통해 확인해 봅시다.

   (1) 로마서 5:3~4

   (2) 데살로니가전서 5:18

   (3) 로마서 8:38, 39

2. 이 세상의 모든 것들은 하나도 빠짐없이 하나님이 만드신 피조물들입니다. 그

렇기에 하나님의 능력 밖으로 나가 있는 것은 아무것도 없으며 하나님의 뜻을 거슬러 역행할 수 있는 것도 없습니다. 사도행전 17:25~28은 이를 잘 알려주고 있습니다. 찾아서 읽어보고 다시 한 번 하나님의 섭리에 대해서 생각해 봅시다.

정 리

1. 하나님은 세상을 (   )하고 (   ) 분이십니다. 우리는 이를 하나님의 (   )라고 부릅니다.

2. 하나님이 섭리를 베푸시기에 우리는 (   )하고 (   )하며 하나님의 사랑을 (   )할 수 있습니다.

실 천

1. 각자의 삶 가운데 하나님의 섭리를 느껴본 경험이 있다면 서로 나눠 봅시다.

2. 한 주간 살면서 매 순간마다 하나님께서 어떤 손길을 베푸시는지 잘 살펴보고 다음 주에 모여서 이야기하도록 합시다.

구주 되신 그리스도 예수

10

사도신경의 두 번째 부분은 예수 그리스도에 대한 고백입니다. 예수님께서는 우리의 구원자이십니다. 오직 그분에게서만 구원을 발견할 수 있으며 다른 그 무엇도 우리를 구원할 수 있는 것은 없습니다. 예수님을 믿는다 하면서도 다른 것을 의지하는 사람은 행위로 예수님을 부인하는 사람입니다. 우리는 예수님만을 믿고 의지해야 합니다.

제 29 문 **왜 하나님의 아들을 예수, 곧 구주라 부릅니까?**

답 . . 그가 우리를 죄에서 구원하시기 때문이고, 또 그분 외에는 어디에서도 구원을 찾아서도 안 되며 발견할 수도 없기 때문입니다.

제 30 문 **그렇다면 자신의 구원과 복을 소위 성인에게서, 혹은 자기 자신이나 다른 데서 찾는 사람들도 유일한 구주이신 예수를 믿는 것입니까?**

답 . . 아닙니다. 그들은 유일한 구주이신 예수를 말로는 자랑하지만 행위로는 부인합니다. 예수가 완전한 구주가 아니든지, 아니면 참된 믿음으로 이 구주를 영접한 자들이 그들의 구원에 필요한 모든 것을 그에게서 찾든지, 둘 중의 하나만 사실입니다.

구세주 예수

하나님께서는 '뱀의 후손의 머리를 상하게 할 여자의 후손'이라는 창세기 3: 15의 말씀으로부터 우리를 구원하실 구원자를 계시해 주셨습니다. 이후로 구약의 여러 곳에서 하나님은 우리를 구원하실 예수 그리스도에 대해서 알려주셨으며 오직 그분을 통해서만 구원을 받을 수 있음을 가르쳐 주셨습니다. 우리는 오직 예수 그리스도 안에서만 구원을 받을 수 있음을 알고 믿어야 합니다. 뿐만 아니라 다른 어떤 것에서도 우리의 구원을 찾아서는 안 됩니다.

1. 우리는 구원자의 이름을 예수라고 부릅니다. 그 이름의 의미를 마태복음 1:21을 통해 확인해 봅시다.

2. 예수님께서는 우리를 구원할 능력이 있으십니다. 히브리서 7:25에서 그 이유를 알려줍니다. 찾아서 읽고 무엇 때문인지 이야기해 봅시다.

3. 디모데전서 2:5에서는 하나님과 인간 사이의 중보자에 대해서 가르치고 있습니다. 중보자는 몇 분이시며 누구신지 알아 봅시다.

참되고 유일하신 구원자

이 세상에는 자기가 세상을 구원할 구세주라고 주장하는 사람들이 많이 있습니다. 우리나라에서도 자기가 재림한 예수이며 자기를 믿어야만 구원을 받는다고 주장했던 사람들이 40여 명이나 있었다고 알려져 있습니다. 알려지지 않은 사람들까지 세어 본다면 그 숫자는 몇 배로 늘어날 것입니다. 지금도 많은 이단들이 사람들을 현혹하고 있으며 수없이 많은 사람들이 거기 넘어가서 고통을 당하고 있습니다. 하나님께서는 분명히 말씀하셨습니다. 우리에게 구원을 주시는 분은 예수 그리스도 오직 한분이십니다.

1. 하나님께로부터 난 구원받은 하나님의 자녀들은 오직 예수 그리스도 안에 있는 사람들뿐입니다. 우리에게 다른 구원자는 있을 수 없습니다. 고린도 전서 1:30을 읽고 이야기해 봅시다.

2. 성경은 단호하게 다른 이름으로는 구원을 받을 수가 없다고 선언합니다. 세상을 창조하신 창조주의 말씀이니 반드시 그렇게 될 것을 우리는 믿습니다. 사도행전 4:12을 찾아서 읽어보고 왜 그런지 이야기해 봅시다.

자기를 믿으면 안되는 이유

어떤 사람들은 예수 그리스도를 믿는다 하면서도 다른 것을 믿는 사람들이 있습니다. 교회에 다니고 봉사를 하고 예수를 굳게 믿는 것처럼 보이는 사람들도 사실은 예수 그리스도가 아닌 다른 것을 믿는 경우가 있습니다. 율법을 행함으로 구원을 받고 은혜를 받으려는 사람들, 자신의 믿음을 남에게 드러내기 위해 종교행위에 열심을 내는 사람들, 예수 그리스도를 믿는다고 하면서도 자신의 힘이나 능력을 의지하고, 또는 권력이나 돈에 의지하는 사람들은 믿었다 하는 사람들이나 실상은 믿음이 없는 사람들입니다. 우리는 아무리 힘이 있어 보이고 또 좋아 보인다 하더라도 세상의 것을 의지해서는 안 되고 오직 예수 그리스도만을 의지해야 합니다.

1. 율법의 행위가 우리를 구원으로 인도할 수 있습니까? 갈라디아서 5:4과 야고보서 2:10, 11을 읽고 이야기해 봅시다.

2. 디모데전서 6:10과 마태복음 6:24을 읽어보고 돈에 대해서는 성경이 무

어라 말하는지 이야기해 봅시다. 돈이 우리 인생을 구원할 수 있을까요?

3. 예수님만이 우리의 구원자가 될 수 있는 이유는 무엇일까요? 다음 두 구
   절을 연계해서 그 이유를 설명해 봅시다.
   (1) 이사야 9:7
   (2) 골로새서 1:19, 20

정리

1. 우리를 구원하시는 참되고 유일하신 구원자는 오직 (   )밖에 없습니다.

2. (   )이나 (   )나 (   )이나 (   ) 행위나 (   ) 열심을 통해서도 구원받을 수 없습니다.

실천

1. 우리가 정말 의지하는 것이 무엇인지 생각해 봅시다.

2. 이 땅의 것을 의지하지 않고 오직 예수 그리스도만을 의지하기 위해서 우리가 어떻
   게 해야 하는지 서로 이야기해 보고 한 주간 실천해 봅시다.

11 그리스도의 삼중직

예수 그리스도께서는 우리의 구원자이십니다. 그분은 세 가지 직분을 통해서 우리의 구원을 이루셨습니다. 구약시대 기름 부음 받은 세 직분의 사람들이 하나님의 뜻을 인간에게 전하고, 인간의 죄를 대신해 제사를 드리고 하나님의 뜻으로 인간들을 통치했던 것처럼 예수 그리스도께서는 선지자, 제사장, 왕으로서 우리를 구원하십니다. 그래서 우리는 예수님을 기름 부음 받은 자, 곧 그리스도라고 부릅니다.

제 31 문 그분을 왜 그리스도, 곧 기름 부음을 받은 자라 부릅니까?

답 . . 왜냐하면 그분은 성부 하나님으로부터 임명을 받고 성령으로 기름 부음을 받으셨기 때문입니다. 그분은 우리의 큰 선지자와 선생으로서 우리의 구원을 위한 하나님의 감추인 경영과 뜻을 온전히 계시하시고, 우리의 유일한 대제사장으로서 그의 몸을 단번에 제물로 드려 우리를 구속하셨고, 성부 앞에서 우리를 위해 항상 간구하십니다. 또한 우리의 영원한 왕으로서 그의 말씀과 성령으로 우리를 다스리시고 우리를 위해 획득하신 구원을 누리도록 우리를 보호하고 보존하십니다.

제 32 문 그런데 당신은 왜 그리스도인이라 불립니까?

답 . . 왜냐하면 내가 믿음으로 그리스도의 지체가 되어 그의 기름 부음에 참여하기 때문입니다. 나는 선지자로서 그의 이름의 증인이 되며, 제사장으로서 나 자신을 감사의 산 제물로 그에게 드리고, 또한 왕으로서 이 세상에 사는 동안 자유롭고 선한 양심으로 죄와 마귀에 대항하여 싸우고 이후로는 영원히 그와 함께 모든 피조물을 다스릴 것입니다.

성경으로의 접근

선지자이신 그리스도

그리스도는 기름 부음을 받은 자라는 의미입니다. 구약에서는 선지자, 제사장, 왕을 세울 때 기름을 부어 세웠습니다. 예수님께서는 이 세 직분을 모두 감당하셨습니다. 먼저 그분은 선지자로서의 직분을 행하셨습니다. 선지자들처럼 그분도 사람들에게 하나님의 말씀을 전하셨습니다. 또한 스스로 하나님의 말씀에 순종하심으로써 우리에게 본을 보이셨습니다.

1. 예수님의 선지자직은 이미 오래 전부터 예언되었던 것입니다. 사도행전 3:22을 읽어보고 그것이 어떤 것이었으며 선지자직을 통해서 하신 일이 무엇인지 알아 봅시다.

2. 선지자로서 예수님이 하신 일은 크게 두 가지입니다. 먼저 에베소서 1:9 과 베드로전서 1:10, 11을 읽어보고 그것이 무엇인지 생각하고 이야기해 봅시다.

3. 예수님은 또한 선지자로서 하나님의 말씀을 인간에게 전달하셨을 뿐만 아니라 그 말씀에 스스로 순종하셨습니다. 그 순종이 어떤 것이었는지 누가복음 22: 42을 읽고 이야기해 봅시다.

4. 마태복음 10:32, 33을 읽어보고 선지자이신 그리스도를 믿는 우리들은

어떻게 해야 할지 이야기해 봅시다.

제사장이신 그리스도

구약시대 제사장들은 짐승을 잡아 하나님께 제사를 드림으로써 인간의 죄악을 하나님 앞에 사죄했고, 또한 용서를 베푸시는 하나님의 은혜를 인간에게 전달했습니다. 예수님은 참 되시고 유일하신 제사장으로서 자신의 몸을 제물로 하나님께 드려 단번에 하나님의 의로우심을 만족시키셨습니다.

1. 성경은 예수님께서 제사장으로서 드리신 제사만이 완전한 것이었음을 가르치고 있습니다. 히브리서 10:12, 14을 읽고 확인해 봅시다.

2. 예수님께서 무엇을 제물로 삼으셨는지 히브리서 9:12, 14, 28을 읽고 이야기해 봅시다.

3. 제사장이신 그리스도의 본을 받아 우리는 무엇을 해야 할지 로마서 12:1을 읽고 생각해 봅시다.

왕이신 그리스도

기름 부음을 받은 세 번째 직분은 왕이었습니다. 고대시대 왕이 하는 일은 첫 번째로 군대를 모아 적과 싸우는 일이었고 두 번째로 자기 백성을 보호하는 일이었으며 세 번째로 자기 나라를 통치하는 일이었습니다. 그리스도께서도 죄와 마귀와 싸우시며 자기의 백성을 끝까지 보호하시고 그 백성을 다스리십니다.

1. 성경은 예수님께서 왕이심을 분명히 이야기하고 있습니다. 스가랴 9:9과 마태복음 21:5을 읽고 확인해 봅시다.

2. 그리스도께서 우리를 다스리시는 왕이심을 가장 잘 보여주는 성경 구절은 마태복음 28:18입니다. 찾아서 읽고 그분께서 우리를 다스리시는 근거에 대해서 이야기해 봅시다.

3. 특별히 그리스도는 우리를 보호하시는 분이십니다. 골로새서 1:13을 읽어보고 그 보호가 어떤 것인지 생각해 봅시다.

4. 그리스도와 함께 우리는 세상에서 어떤 태도를 가지고 살아가야 할지 로마서 6:12, 13을 찾아서 읽고 서로 이야기해 봅시다.

정리

1. 예수님은 (   ), (   ), (   )의 삼중직을 감당하시는 기름 부음을 받은 자, 즉 (   )십니다.

2. 예수님은 선지자로서 하나님의 (   )을 선포하시고 거기에 (   )하셨으며, (   )으로 단번에 완전한 (   )를 드리셨고, 왕으로서 (   )와 싸우시고 자기 백성을 (   )하시며 영원히 (   )하십니다.

실천

1. 그리스도의 삼중직의 의미를 잘 기억합시다.

2. 우리도 그리스도를 따라 말씀을 전파하고 우리 몸을 산 제물로 드리며 죄악과 싸우는 한 주간을 보냅시다.

그리스도의 탄생

12

예수 그리스도께서는 하나님의 유일하신 독생자이시며 우리의 주님이십니다. 자신의 보혈로 우리를 사셨고 우리의 모든 죄를 구속하셨습니다. 그분은 성령으로 잉태해서 동정녀 마리아의 몸을 통해 인간의 몸을 입고 이 땅에 내려오셨습니다.

제 33 문   **우리 역시 하나님의 자녀인데, 그분을 왜 '하나님의 독생자'라 부릅니까?**

답 . .   왜냐하면 오직 그리스도만 본질로 하나님의 영원한 아들이시기 때문입니다. 우리는 그리스도로 말미암아 은혜로 입양된 하나님의 자녀입니다.

제 34 문   **당신은 왜 그분을 '우리 주'라 부릅니까?**

답 . .   왜냐하면 그분이 금이나 은이 아니라 그의 보혈로써 우리의 몸과 영혼을 우리의 모든 죄로부터 구속하셨고, 우리를 마귀의 모든 권세에서 해방하여 주의 것으로 삼으셨기 때문입니다.

제 35 문   **"그분은 성령으로 잉태되사, 동정녀 마리아에게서 나셨으며"라는 말로 당신은 무엇을 고백합니까?**

답 . .   하나님의 영원한 아드님은 참 되고 영원한 하나님이시며 여전히 참 되고 영원한 하나님으로서, 성령의 사역으로 동정녀 마리아의 살과 피로부터 참된 인성을 취하셨습니다. 그리하여 또한 다윗의 참된 자손이 되고 모든 일에서 그의 형제들과 같이 되셨으나 죄는 없으십니다.

제 36 문　　그리스도의 거룩한 잉태와 탄생은 당신에게 어떤 유익을 줍니까?

답　.　.　그리스도는 우리의 중보자이시므로 잉태되고 출생할 때부터 가지고 있는 나의 죄를 그의 순결함과 온전한 거룩함으로 하나님 앞에서 가려 줍니다.

성경으로의 접근

하나님의 독생자이신 구원자 예수

예수 그리스도는 하나님의 독생자이십니다. 그분은 성부 하나님께서 영원히 낳으신 유일하신 아들이십니다. 예수님은 스스로 자신을 하나님의 아들이라 소개하셨으며 하나님도 예수님을 자신의 유일한 아들이라 인정하셨습니다. 우리는 예수 그리스도를 통해서 하나님께 입양된 양자들입니다. 양자는 친아들과 함께 하나님의 모든 유산을 상속받을 권리를 가집니다.

1. 예수님께서는 하나님을 아버지라 부르시며 자신을 하나님의 아들이라 소개하셨습니다. 다음 구절들을 찾아서 적어 봅시다.

   (1) 요한복음 17:21

   (2) 마태복음 11:27

   (3) 누가복음 2:49

2. 세례 요한에게 세례를 받으신 후에 물에서 올라오신 예수님의 머리 위에 성령이 비둘기 같이 임하고 하늘에서 소리가 났습니다. 그 말씀은 예수님이 하나님의 아들이심을 증거하는 것이었습니다. 마태복음 3:17, 마가복음 1:11, 누가복음 3:22을 찾아서 읽어 보고 예수님의 정체를 확인합시다.

3. 예수님은 하나님의 아들로서 이 세상에 오신 분입니다. 요한복음 9:3, 4
   을 읽고 그렇기 때문에 우리는 어떻게 해야 할지 서로 이야기해 봅시다.

우리의 주인이신 예수 그리스도

예수님은 우리의 주님이십니다. 그분은 우리를 창조하실 때 지혜가 되신 분이시고 그
분의 피로 우리를 값 주고 사신 분이십니다. 마귀의 권세로부터 우리를 해방시키셔서
자신의 소유로 만드셨습니다. 많은 사람들이 세상의 중심이 나이고 내가 주인이 돼서
세상을 살아야 한다고 가르치지만 그것은 우리를 창조하시고 구원하시는 하나님 앞
에 매우 교만한 가르침입니다. 우리는 주님의 것입니다. 그렇기 때문에 우리는 주님
께 순종해야 합니다.

   1. 고린도전서 6:19, 20을 읽고 예수 그리스도께서 우리의 주님이시라는 의
      미가 무엇인지 정리해 봅시다.

   2. 예수님께서 우리를 사시기 위해서 무엇을 값으로 치르셨는지를 에베소
      서 1:7과 베드로전서 1:19을 읽고 확인해 봅시다.

   3. 주님께서 우리를 자신의 소유로 삼으셨다는 것은 우리에게 큰 소망을 주
      십니다. 요한복음 10:28을 읽어보고 어떤 소망인지 확인해 봅시다.

인간으로 태어나신 예수 그리스도

예수님은 성자 하나님으로 참된 신이십니다. 그러나 그분은 인간의 몸을 입고 이 땅
에 내려오셨습니다. 삼위 하나님의 영광과 존귀를 버리시고 낮은 피조물의 몸을 스스
로 입으셨습니다. 그리고 인간 가운데서도 왕이나 고관대작의 집에 태어나지 않으시
고 낮고 천한 목수의 아들로 태어나셨습니다.

1. 육체를 입고 태어나셨지만 예수님은 여전히, 그리고 영원히 하나님의 아들이시며 참된 하나님이십니다. 로마서 9:5을 찾아서 읽고 확인해 봅시다.

2. 예수님은 낮고 천한 모습으로 이땅에 내려오셨습니다. 예수님의 탄생이 어떤 것이었는지 다음 구절들을 통해서 확인해 봅시다.
   (1) **마태복음** 1:18
   (2) **요한복음** 1:14
   (3) **고린도후서** 8:9
   (4) **히브리서** 4:15

3. 예수님께서 육체를 입고 이땅에 오신 것이 우리에게 어떤 유익을 주는지 다음 구절들을 통해 알아 봅시다.
   (1) **갈라디아서** 4:5
   (2) **이사야** 53:5
   (3) **베드로전서** 3:18

정리

1. 예수 그리스도는 하나님의 (   )이시며 우리는 하나님의 (   )입니다.
2. 예수님은 우리를 자신의 (   )로 마귀의 권세로부터 사신 우리의 (   )이십니다.
3. 예수님은 하나님이시지만 참된 (   )으로 태어나셨습니다.

실천

1. 예수님은 우리를 위해서 인간으로 오셨습니다. 그 은혜를 기억하며 감사합시다.
2. 예수님이 우리의 주인 되심이 어떤 의미인지 서로 이야기하고 한 주간 주님을 주님으로 인정하는 삶을 살기 위해서 어떤 것을 실천해야 할지 고민해 봅시다.

13 그리스도의 고난

그리스도께서는 죄가 없으시지만 우리의 죄를 대신해서 고난을 당하셨습니다. 그분은 빌라도의 법정에서 유죄 판결을 받으시고 채찍질 당하셨으며 십자가에 달려 가장 저주스런 죽음을 당하셨습니다. 그분의 고난으로 우리가 생명을 얻게 되었습니다.

제 37 문   '고난을 받으사'라는 말로 당신은 무엇을 고백합니까?

답 . .   그리스도는 이 세상에 사셨던 모든 기간에, 특히 생의 마지막 시기에 모든 인류의 죄에 대한 하나님의 진노를 자신의 몸과 영혼에 짊어지셨습니다. 그분은 유일한 화목제물로 고난을 당함으로써 우리의 몸과 영혼을 영원한 저주로부터 구원하셨고, 우리를 위해 하나님의 은혜와 의와 영원한 생명을 얻으셨습니다.

제 38 문   **그분은 왜 재판장 '본디오 빌라도 아래에서' 고난을 받으셨습니까?**

답 . .   그리스도는 죄가 없지만 세상의 재판장에게 정죄를 받으셨으며, 이로써 우리에게 임할 하나님의 준엄한 심판에서 우리를 구원하셨습니다.

제 39 문   **그리스도께서 '십자가에 못 박히심'은 달리 돌아가신 것보다 특별한 의미가 있습니까?**

답 　·　· 　그렇습니다. 십자가에 달린 자는 하나님께 저주를 받은 자이므로 그가 십자가에 달리심은 내게 임한 저주를 대신 받은 것이라고 나는 확신하게 됩니다.

성경으로의 접근

고난당하신 예수 그리스도

예수님은 이 땅에 어쩌면 고난을 당하기 위해서 오신 거라고 말할 수 있을지도 모릅니다. 영원하신 하나님이신 성자 예수님이 인간의 몸을 입고 피조물의 형상으로 이 땅 위에 태어난 것 자체가 그분께는 고난이었습니다. 그러나 그것만이 아니었습니다. 인생을 통해 가난과 고통을 당하셨고 생의 마지막 시기에는 죄 없는 분이 죄인으로 붙잡혀 온갖 고초를 당하셨습니다.

1. 예수님은 율법을 만드신 하나님이십니다. 그러나 갈라디아서 4:4에서는 예수님께서 율법 아래 나셨다고 말씀합니다. 찾아서 읽어보고 그 의미를 생각해 봅시다.

2. 예수님은 또한 육체적 고난을 당하셨습니다. 생애 가운데 고난 당하신 다음 구절들을 찾아서 읽어 봅시다.
   (1) 요한복음 4:6
   (2) 마태복음 4:2
   (3) 마태복음 27:26

3. 예수님은 육체적인 고난뿐만 아니라 정신적으로도 극도의 고통을 당하셨습니다. 다음 구절들을 통해 어떤 고난을 당하셨는지 살펴 봅시다.
   (1) 마태복음 4:1

(2) 누가복음 9:58

(3) 히브리서 12:3

4. 이사야 53:3을 읽고 이 땅에서 그리스도께서 당하신 가장 커다란 고난은
무엇이었을지 생각해 봅시다.

5. 그분의 고난은 무엇 때문이었는지 다음 구절들을 읽고 생각해 봅시다.

(1) 갈라디아서 3:13

(2) 히브리서 9:12

(3) 로마서 8:1~4

재 판 받 으 시 고 죽 임 당 하 신 그 리 스 도

예수 그리스도는 하나님이시며 율법을 만드신 분이셨습니다. 그러나 그분은 스스로
율법에 메여 순종하셨을 뿐 아니라 이를 어기는 사람들을 위해서 인간의 법정 앞에
서셨습니다. 그분은 세상의 왕이셨지만 유대 총독 빌라도에게 재판을 받으셨습니다.
빌라도는 예수님이 죄가 없다는 사실을 알고 있었지만 유대인들이 폭동을 일으킬 것
을 두려워해 예수님에게 유죄 선고를 하고 사형시키도록 내어줬습니다. 예수님은 형
벌 가운데서 가장 극악한 형벌인 십자가 형을 받으시고 골고다에 올라가셨습니다. 죽
을 수 없는 신이신 예수 그리스도께서는 인간의 몸을 입고 죽임을 당하셨습니다. 이
는 죽어야 하는 우리를 구원하시기 위해서였습니다.

1. 빌라도는 예수님께 죄가 없음을 분명히 알고 있었습니다. 그럼에도 백성
들의 민란을 두려워해서 예수님을 사형시키도록 내줬습니다. 마태복음
27:24을 읽고 같은 상황이었다면 우리는 어떻게 판결했을지 생각해 봅시
다. 아울러서 지금 우리는 복음에 대해서 어떤 태도를 취하고 있는지도

생각해 봅시다.

2. 고대 근동 지방에서 '나무에 달린' 것은 극도로 저주스러운 죽음을 의미했습니다. 왜냐하면 사람이 죽으면 그 혼은 하늘로 돌아가고 그 몸은 땅으로 돌아가야 하는데 하늘과 땅의 중간인 나무에 걸린 시체는 혼과 육체가 하늘과 땅으로부터 거부당해 돌아갈 곳이 없다는 의미였기 때문입니다. 그래서 전쟁에서 적군의 시체를 나무에 걸어서 상대방을 모욕했으며 나무에 걸어서 사람을 죽이는 것을 가장 흉악한 죽음으로 생각했습니다. 신명기 21:23을 읽어보고 예수님께서 왜 이런 저주스런 죽음을 당하셔야 했는지 생각해 봅시다.

3. 마태복음 27:46을 읽어보고 예수님의 죽으심의 진정한 의미가 무엇인지 생각해 봅시다.

정리

1. 예수님께서는 (　　)과 (　　)을 당하시기 위해서 이 땅에 내려오셨습니다.

2. (　　)의 법정에서 유죄 판결을 받으시고 (　　)형을 받으셨는데 이는 가장 (　　)스러운 형벌이었습니다. 이 형벌은 우리의 (　　)를 대신 속죄하시기 위함이었습니다.

실천

1. 예수님의 죽으심을 묵상하며 경건한 한 주를 보냅시다.

2. 우리는 복음에 대해서 빌라도와 마찬가지로 사람들의 눈치를 살피지는 않는지 생각해 보고 가장 가까운 사람들에게 부끄러움 없이 복음을 전해 봅시다.

그리스도의 죽으심

예수 그리스도는 죽기까지 낮아지셔야 했습니다. 그 이유는 우리가 그렇게 낮은 자리에 있었기 때문입니다. 거기까지 내려오셔서 그곳에서 받아야 할 하나님의 모든 진노를 대신 받으셔야 하나님의 공의를 만족시키고 우리를 구원하실 수 있었기 때문입니다. 그분은 진정으로 죽으시고 음부에까지 내려가셔서 우리가 당해야 할 모든 고난과 죽음을 그 몸에 당하셨습니다. 이를 통해 우리의 죄를 완전히 속하시고 우리를 구원하셨습니다.

제 40 문   그리스도는 왜 '죽으시기'까지 낮아져야 했습니까?

답 . .   하나님의 공의와 진리 때문에 우리의 죗값은 하나님의 아들의 죽음 이외에는 달리 치를 길이 없었습니다.

제 41 문   그리스도는 왜 '장사'되셨습니까?

답 . .   그리스도의 장사 되심은 그가 진정으로 죽으셨음을 확증합니다.

제 42 문   그리스도께서 우리를 위해서 죽으셨는데 우리도 왜 여전히 죽어야 합니까?

답 . .   우리의 죽음은 자기 죗값을 치르는 것이 아니며, 단지 죄짓는 것을 그치고 영생에 들어가는 것입니다.

제 43 문   그리스도의 십자가의 제사와 죽으심에서 우리가 받는 또 다른 유익은 무
           엇입니까?

답   . .   그리스도의 죽으심의 공로로 우리의 옛사람이 그와 함께 십자가에 달리고
           죽어 장사되며, 그럼으로써 육신의 악한 소욕이 더 이상 우리를 지배하지
           못하게 되고, 오히려 우리 자신을 그분께 감사의 제물로 드리게 됩니다.

제 44 문   '음부에 내려가셨으며'라는 말이 왜 덧붙여져 있습니까?

답   . .   내가 큰 고통과 중대한 시험을 당할 때에도 나의 주 예수 그리스도께서 나
           를 지옥의 두려움과 고통으로부터 구원하셨음을 확신하고 거기에서 풍성
           한 위로를 얻도록 하기 위함입니다. 그분은 그의 모든 고난을 통하여 특히
           십자가에서 말할 수 없는 두려움과 아픔과 공포와 지옥의 고통을 친히 당
           하심으로써 나의 구원을 이루셨습니다.

성경으로의 접근

그리스도의 죽음

예수님은 하나님이십니다. 신은 죽을 수 없고 죽어서도 안 되는 존재입니다. 그러나
예수님은 인간의 몸을 입고 내려오셔서 죽임을 당하셨습니다. 신의 죽음의 능력은 무
한한 것이어서 무한한 하나님의 공의를 완전히 만족시키시고 선택받은 모든 자들의
죄를 속하기에 충분한 것이었습니다. 예수님께서는 진실로 이 땅에 내려오셔서 죽임
을 당하셨습니다. 무덤에 매장되시고 음부까지 내려가셨습니다.

1. 아담과 맺으셨던 행위 언약은 인간의 결국이 어떠해야 함을 확실히 보여
   주고 있습니다. 창세기 2:17을 찾아서 읽어 봅시다.

2. 우리가 당해야 할 그 형벌을 하나님께서는 자신의 아들이 대신 당하게 하

시기로 작정하셨습니다. 로마서 8:3,4을 읽고 그것이 어떤 의미인지를 새겨 봅시다.

3. 이땅에 내려오시고 십자가에 달리실 때 예수님의 마음은 어떤 것이었는지 빌립보서 2:8을 통해 알아 봅시다. 그리고 우리도 주님 앞에서 어떤 마음을 가져야 하는지 생각하고 이야기해 봅시다.

예 수 님 의 죽 으 심 이 우 리 에 게 주 는 유 익 – 영 생

예수님이 우리를 위해서 죽으셨지만 우리도 여전히 죽습니다. 어떤 사람도 죽음에서 벗어날 수 있는 사람은 없습니다. 왜 그렇습니까? 그것은 먼저 한 번 죽는 것은 하나님이 정하신 일이기 때문이고 또한 그 죽음을 통해서 우리가 영생에 들어가기 때문입니다. 죽음은 끝이 아닙니다. 영원한 생명의 시작이며 소망입니다.

1. 히브리서 9:27을 읽고 모든 사람들 앞에 예비된 것이 무엇인지 생각해 봅시다.

2. 요한복음 5:24은 우리에게 소망을 주시는 말씀입니다. 우리는 결국 죽게 되지만 그 이후에 더 큰 삶이 우리를 기다리고 있습니다. 위에서 읽은 히브리서의 말씀과 비교해서 우리에게 있는 더 큰 소망은 무엇인지 생각해 보고 서로 이야기해 봅시다.

3. 이 소망은 너무나도 좋고 큰 것이어서 바울 사도는 다음과 같이 이야기했습니다. 빌립보서 1:23을 찾아서 읽고 우리도 이런 소망을 갖게 해달라고 기도합시다.

예수님의 죽으심이 우리에게 주는 유익 - 감사의 삶

예수 그리스도의 죽으심으로 말미암아 그분의 죽음의 효력을 입은 우리들은 우리의 옛사람이 그리스도와 함께 죽고 새로운 사람이 됩니다. 우리의 악이 우리를 더 이상 완전히 지배하지 못합니다. 하나님께서는 우리를 더 이상 죄인이라 부르지 않으시고 의인으로 여겨 주십니다. 그럼으로 우리는 옛사람의 죄로 살아가지 않고 하나님의 은혜에 감사하는 감사의 삶을 살 수 있습니다. 하나님의 율법이 더 이상 우리를 정죄하는 용도로 사용되지 않고 이제는 우리 삶의 기준이 되며 율법을 지키며 사는 삶이 가능해집니다. 그것은 우리의 공로가 아닌 감사의 표현입니다.

1. 예수님의 죽음에 동참하여 그 은혜를 입은 우리들은 죄에게 종 노릇하지 않습니다. 우리는 죄 안에서 살지 않고 그리스도를 믿는 믿음 안에 살게 됩니다. 로마서 6:6과 갈라디아서 2:20을 통해서 이를 확인해 봅시다.

2. 이는 저절로 되는 것이 아니라 우리의 싸움이 필요합니다. 로마서 6:12, 13을 읽고 우리가 어떻게 해야할지 서로 이야기해 봅시다.

3. 그렇게 할 수 있는 이유가 바로 다음에 나옵니다. 로마서 6:14을 읽고 우리의 삶이 어디에 근거해야 할지, 그렇게 하기 위해서 우리가 무엇을 해야 할지 이야기해 봅시다.

4. 사실, 우리가 구원을 받았어도 율법에 근거한 완전한 의로운 삶을 살 수는 없습니다. 우리는 아직 육체를 입고 이 땅에 살기 때문입니다. 이에 대한 자세한 이야기가 다음 과부터 나옵니다.

음부에 내려가신 그리스도

우리 사도신경에는 번역을 하지 않았지만 사도신경 원문에는 예수님이 장사 지내시고 음부에 내려가셨다는 구절이 나옵니다. 베드로전서 3:19, 4:6 등을 근거로 이런 구절이 들어가게 되었습니다. 여기에 대해서는 몇 가지 해석이 있습니다. 첫 번째는 이는 완전히 상징적인 의미로 예수님의 고통이 그만큼 크셨다는 것을 상징한다는 해석이 있고 두 번째는 예수님이 인간의 가장 궁극적인 고통인 지옥의 고통마저도 체휼하시기 위해 음부에 내려가셨다는 해석, 세 번째는 음부에 있는 구세주를 믿지 않고 죽은 자들에게 그들의 형벌이 확정되었음을 선포하시기 위해 내려가셨다는 해석도 있습니다. 어느 해석을 취하든 예수님은 인간이 겪을 수 있는 모든 고통을 완전히 체휼하셨으며 예수님을 믿고 의지하는 자들만이 구원을 받는 것을 우리에게 가르쳐주는 말씀입니다.

1. 예수님의 고통이 어떤 것이었는지 시편 18:5, 6을 읽고 생각해 봅시다.

2. 그 고통에 대해서 예수님이 직접 하신 말씀을 마태복음 26:38을 찾아 읽고 확인합시다.

정리

1. 예수님께서는 우리의 (   )을 치르기 위해서 죽임을 당하셨고 그분의 속죄로 인해 우리의 죽음은 (   )으로 들어가는 문이 되었습니다.

2. 예수님의 죽으심의 은혜를 입은 우리들은 (   )의 악한 소욕이 우리를 지배하지 못하고 그분께 우리의 인생으로 (   )의 제물을 드리게 됩니다.

1. 죄를 짓지 않고 선한 삶을 살기 위해서 어떻게 해야할지 서로 이야기해 봅시다.

2. 선한 감사의 삶의 시작은 자신의 죄를 깨닫는 것입니다. 한 주 동안 지은 죄들을 기록하고 매일 저녁마다 회개의 기도를 드리는 시간을 갖도록 합시다.

부활하시고 승천하신 그리스도

15

그리스도께서는 탄생에서 죽으시고 음부에 내려가시기까지 낮아지셨습니다. 그러나 그것이 끝이 아니었습니다. 하나님이신 예수 그리스도께서는 부활하셔서 40일 동안 제자들과 함께 계셨으며 이후 많은 제자들이 보는 앞에서 하늘로 승천하셨습니다. 그분의 부활과 승천은 하나님의 영광을 우리에게 보이시며 우리도 부활하여 영광 가운데 들어가게 될 소망을 주십니다.

제 45 문   그리스도의 '부활'은 우리에게 어떤 유익을 줍니까?

답   . .   첫째, 그리스도는 부활로써 죽음을 이기셨으며 죽으심으로써 얻으신 의에 우리로 참여하게 하십니다. 둘째, 그의 능력으로 말미암아 우리도 이제 새로운 생명으로 다시 살아났습니다. 셋째, 그리스도의 부활은 우리의 영광스런 부활에 대한 확실한 보증입니다.

제 46 문   '하늘에 오르셨고'라는 말로 당신은 무엇을 고백합니까?

답   . .   그리스도는 제자들이 보는 가운데 땅에서 하늘로 오르셨고, 우리의 유익을 위하여 거기에 계시며, 장차 살아 있는 자들과 죽은 자들을 심판하러 다시 오실 것입니다.

제 47 문   그렇다면 세상 끝 날까지 우리와 함께 있으리라는 그리스도의 약속은 어떻게 됩니까?

답 　. 　. 　그리스도는 참 인간이고 참 하나님이십니다. 그의 인성으로는 더 이상 세
상에 계시지 않으나, 그의 신성과 위엄과 은혜와 성령으로는 잠시도 우리
를 떠나지 않습니다.

제 48 문 　그런데 그리스도의 신성이 있는 곳마다 인성이 있는 것이 아니라면, 그리
스도의 두 본성이 서로 나뉜다는 것입니까?

답 　. 　. 　결코 그렇지 않습니다. 신성은 아무 곳에도 갇히지 않고 어디나 계십니다.
그러므로 신성은 그가 취하신 인성을 초월함이 분명하며, 그러나 동시에
인성 안에 거하고 인격적으로 결합되어 있습니다.

제 49 문 　**그리스도께서 하늘에 오르심은 우리에게 어떤 유익을 줍니까?**

답 　. 　. 　첫째, 그리스도는 우리의 대언자로서 하늘에서 우리를 위해 그의 아버지
앞에서 간구하십니다. 둘째, 우리의 몸이 그리스도 안에서 하늘에 있으며,
이것은 머리 되신 그리스도께서 그의 지체인 우리를 그에게로 이끌어 올
리실 것에 대한 확실한 보증입니다. 셋째, 그리스도는 그 보증으로 그의 성
령을 우리에게 보내시며, 우리는 성령의 능력으로 말미암아 그리스도께서
하나님 우편에 앉아 계신 위의 것을 구하고 땅의 것을 구하지 않습니다.

성경으로의 접근

그리스도의 부활

예수 그리스도께서는 죽으신지 사흘만에 부활하셨습니다. 부활하신 예수님께서는
40일간 지상에 머무시면서 많은 제자들에게 자신의 부활을 나타내 보이셨고 그분의
무덤은 빈 무덤으로 남게 되었습니다. 그리스도께서는 죽음을 이기셨습니다. 그리스
도께서는 부활하셔서 잠자는 자들의 첫 열매가 되셨으며 주님을 믿는 우리들에게도

영광의 부활이 있을 것이라는 소망을 품게 합니다.

1. 누가복음 24:1~12을 읽고 예수 그리스도의 부활이 어떻게 이루어졌는지 누가의 증언을 확인해 봅시다.

2. 고린도전서 15:20, 21에서는 그리스도께서 우리 부활의 소망이 되심을 가르치고 있습니다. 찾아서 읽어보고 부활의 소망이 어떤 것인지 생각해 봅시다.

3. 만일 그리스도의 부활이 사실이 아니라면 우리는 어떤 자들이 될지 고린도전서 15:16~19을 읽고 서로 이야기해 봅시다.

4. 빌립보서 3:20, 21을 읽고 예수님의 부활과 우리 몸의 부활의 소망에 대해서 정리해 봅시다.

그리스도의 승천

부활하신 후 40일을 제자들과 함께 지내신 예수님은 많은 이들이 보는 앞에서 하늘로 올라가셨습니다. 그분은 그분의 영으로 세상 끝 날까지 우리와 함께 하십니다. 성령님을 보내셔서 우리와 동거하시며 그분의 신성은 온 세상에 충만하셔서 어디에나 거하시며 우리와 함께 하십니다. 참으로 예수 그리스도는 참된 하나님이십니다. 그분의 신성이 거하지 않는 곳은 그 어디에도 없으셔서 우리와 동행하시며 함께 하십니다.

1. 예수님께서 승천하신 이유는 무엇입니까? 로마서 8:34을 읽고 이야기해 봅시다.

2. 예수님의 인성, 즉 육신은 우리와 영원히 함께 있지 아니하다고 말씀하셨
   습니다. 마태복음 26:11, 요한복음 16:28을 읽고 확인해 봅시다.

3. 그 이유에 대해서 히브리서 8:4에서 이야기합니다. 찾아서 읽고 무슨 이
   유인지 생각해 봅시다.

그 리 스 도 의   승 천 이   우 리 에 게   주 는   유 익

그리스도께서 승천하신 것은 우리에게 커다란 유익을 줍니다. 그것은 먼저 그분께서 우
리의 대언자가 되어 주시는 것이며 다음으로 우리를 하나님께로 이끄실 확실한 보증이
되어 주시는 것입니다. 그리고 성령을 우리에게 보내셔서 우리와 함께 있게 하십니다.

1. 요한일서 2:1을 읽고 그리스도께서 우리의 대언자가 되시는 것이 우리에
   게 어떤 유익인지 이야기해 봅시다.

2. 요한복음 17;24에는 우리를 하나님께로 이끄시기 위한 예수님의 기도가
   나옵니다. 이것이 우리에게 어떤 소망을 주시는지 서로 이야기해 봅시다.

3. 성령님이 우리에게 오셔서 어떤 일을 하시는지 요한복음 14:26을 읽고
   알아 봅시다.

정 리

1. 예수님의 (   )은 제한적이나 (   )은 충만하여 어디에서나 함께 하십니다.

2. 예수님의 승천은 우리의 (   )가 되어주시기 위함이며 우리를 (   )께로 이끄시기
   위함이고 우리에게 (   )을 보내주시기 위함입니다.

1. 예수님의 신성은 온땅에 충만합니다. 우리가 가장 은밀한 곳이라 여기는 곳에도 예수님이 함께 계심을 기억하여 어디서나 주님 앞에서 살아가고 있음을 의식합시다.

2. 예수님의 부활은 우리 몸의 부활의 확실한 보증임을 기억하고 부활의 소망을 가지고 살게 해달라고 기도합시다.

다시 오실 그리스도

16

예수 그리스도께서는 하나님 우편에 앉으셔서 만물을 다스리고 계십니다. 그분은 교회의 머리가 되실 뿐만 아니라 만물의 주권자가 되십니다. 우리들을 보호하시고 은사를 부어주시는 분이십니다. 장차 그리스도께서는 이땅에 다시 오실 것입니다. 성도들은 그분과 함께 영원히 살 것입니다.

제 50 문 **'하나님 우편에 앉아 계시며'라는 말이 왜 덧붙여졌습니까?**

답 . . 그리스도는 거기에서 자신을 그의 교회의 머리로 나타내기 위해서 하늘에 오르셨으며, 성부께서는 그를 통하여 만물을 다스리십니다.

제 51 문 **우리의 머리 되신 그리스도의 이 영광은 우리에게 어떤 유익을 줍니까?**

답 . . 첫째, 그리스도는 성령으로 그의 지체인 우리에게 하늘의 은사들을 부어 주십니다.

둘째, 그는 그의 권능으로 우리를 모든 원수들로부터 보호하고 보존하십 니다.

제 52 문 **그리스도께서 '살아 있는 자들과 죽은 자들을 심판하러 오실 것'은 당신 에게 어떠한 위로를 줍니까?**

답 . . 내가 어떠한 슬픔과 핍박을 당하더라도, 전에 나를 대신하여 하나님의 심판대 앞에 서시사 내게 임한 모든 저주를 제거하신 바로 그분이 심판자로서 하늘로부터 오시기를 머리 들어 기다립니다. 그가 그의 모든 원수들, 곧 나의 원수들은 영원한 멸망으로 형벌하실 것이며, 나는 그의 택함을 받은 모든 사람들과 함께 하늘의 기쁨과 영광 가운데 그에게로 이끌어 들이실 것입니다.

성경으로의 접근

하나님 우편에 앉으신 그리스도

예수 그리스도는 성자 하나님이십니다. 그분은 천지가 창조 될 때에 지혜로 창조에 동참하셨으며 만물이 그를 통해서 지은 바 되었고 만물을 다스리시는 분이십니다. 그리스도는 또한 교회의 머리이시며 주인이십니다. 그분께서는 교회와 만물을 그분의 통치 아래 두고 다스리십니다. 하나님 우편에 앉으신 예수 그리스도는 위엄과 영광 속에서 다스리시는 일을 계속 하고 계십니다. 그리스도의 이 영광은 우리들에게 각종 은사를 내려주시고 우리를 보호하십니다.

1. 에베소서 1:22, 23을 찾아서 읽고 써 봅시다.

2. 예수님은 만물에 대한 통치권을 하나님 아버지로부터 받아서 행사하고 계십니다. 요한복음 5:22을 읽고 확인해 봅시다.

3. 예수님께서 우리에게 베푸실 가장 큰 은사, 선물은 무엇일까요? 사도행전 2:33을 찾아서 읽고 확인합시다.

4. 요한복음 10:28에서는 하나님 우편에 앉으셔서 세상을 다스리시는 예수님이 우리에게 주실 유익에 대해서 이야기하고 있습니다. 어떤 것인지 확

인합시다.

다시 오실 그리스도

예수님께서는 반드시 다시 오십니다. 우리는 그 때와 장소를 알지 못합니다. 누군가 예수님이 언제 재림하실 것이라 이야기한다면 이는 거짓말입니다. 우리가 아는 것은 언젠가 예수님께서 반드시 오실 것이라는 사실 한 가지입니다. 그것이 내일이 될지도 모르기 때문에 우리는 지금 이 순간도 최선을 다해서 하나님의 말씀에 순종하는 삶을 살아야 합니다. 이를 종말론적인 신앙이라고 합니다. 예수님은 심판자로 오실 것입니다. 주님을 믿지 않는 모든 자들에게는 그날이 심판의 날이 될 것입니다. 그러나 주를 믿는 성도들에게 그날은 기쁨과 영광의 날이 될 것이고 영원한 복의 날이 될 것입니다.

1. 예수님이 재림하실 날에 대해서 성경은 무엇이라고 가르치는지 마태복음 24:36을 읽고 확인해 봅시다.

2. 그러나 우리는 성경의 말씀을 통해 예수님 재림이 가까웠음을 알 수 있습니다. 디모데후서 3:1~5을 읽고 말세가 어느 때인지 생각해 봅시다. 또한 그때 우리는 어떤 태도를 취해야 할지도 서로 이야기해 봅시다.

3. 예수님을 믿지 않고 자신의 죄악 가운데 거하는 자들은 예수님의 재림 때 어떤 일을 만나게 될지, 그들의 죄는 무엇인지 마태복음 25:41~43을 읽고 이야기해 봅시다.

4. 예수님을 믿는 자들이 받을 복은 무엇인지 다음 구절들을 읽고 확인합시다.
   (1) 마태복음 25:34
   (2) 데살로니가전서 4:17

1. 예수님께서는 반드시 (   )하실 것입니다. 그러나 그게 언제가 될지 우리는 (   ).

2. 예수님이 재림 하실 때에 믿지 않는 자들은 영원한 (   )으로, 믿는 성도들은 하늘의 (   )과 (   )으로 인도하실 것입니다.

실 천

1. 마태복음 25:34~36을 읽고 예수님의 재림을 기다리며 우리가 해야 할 일이 무엇인지 서로 이야기해 보고 실천합시다.

2. 예수님은 교회의 머리이며 우리는 그분의 지체로 서로 연결되어 있습니다. 한 주 동안 같은 교회를 다니는 친구들을 섬기기 위해 할 수 있는 일들을 생각해 보고 실천합시다.

성령을 믿사오며

요리문답

사도신경의 세 번째 고백은 성령님에 대한 믿음의 고백입니다. 성령님은 우리들을
거룩하게 하십니다. 성도의 성화는 전적으로 성령님의 사역입니다. 성령님은 어떤
능력이나 기운이 아니라 참 되고 영원한 하나님이십니다. 그분은 인격을 가지신 분
으로 자신의 기뻐하시고 원하시는 일을 행하십니다.

제 53 문 **성령께 관하여 당신은 무엇을 믿습니까?**

답 . . 첫째, 성령은 성부와 성자와 함께 참 되고 영원한 하나님이십니다.

둘째, 그분은 또한 나에게도 주어져서 나로 하여금 참된 믿음으로 그리스도와
그의 모든 은덕에 참여하게 하며 나를 위로하고 영원히 나와 함께 하십니다.

제 54 문 **'거룩한 보편적 교회'에 관하여 당신은 무엇을 믿습니까?**

답 . . 나는 하나님의 아들이 세상의 처음부터 마지막 날까지 모든 인류 가운데
서 영생을 위하여 선택하신 교회를 참된 믿음으로 하나가 되도록 그의
말씀과 성령으로 자신을 위하여 불러 모으고 보호하고 보존하심을 믿습
니다. 나도 지금 이 교회의 살아 있는 지체이며 영원히 그러할 것을 믿습
니다.

제 55 문 **'성도의 교제'를 당신은 어떻게 이해합니다.**

답　．　．　첫째, 신자는 모두 또한 각각 그리스도의 지체로서 주 그리스도와 교제하며 그의 모든 부요와 은사에 참여합니다. 둘째, 각 신자는 자기의 은사를 다른 지체의 유익과 복을 위하여 기꺼이 그리고 즐거이 사용할 의무가 있습니다.

성경으로의 접근

성도들을 성화로 이끄시는 성령님의 사역

성령님은 삼위 하나님이십니다. 그분은 어떤 힘이나 신비한 능력이 아닙니다. 성령님은 인격을 가지시고 자기 의지로 역사하시는 하나님이십니다. 인간의 명령에 의해 임의로 전이시키거나 부릴 수 있는 분이 아닙니다. 성령님이 하시는 일은 성도들을 성화로 이끄시는 것입니다. 그분께서는 성도의 마음 가운데 내주하셔서 그리스도의 모든 은덕에 참여하게 하십니다. 그리스도께서 구원을 완성시키셨다면 그것을 각 사람에게 적용하시는 것은 성령님의 사역입니다.

1. 다음 구절들을 읽고 성령님이 어떤 분이신지 알아 봅시다.
   (1) 창세기 1:2
   (2) 마태복음 28:19
   (3) 고린도전서 2:10
   (4) 요한복음 14:26

2. 성도들에게는 성령님께서 내주하십니다. 그 이유와 효능을 갈라디아서 4:6을 통해 알아 봅시다.

3. 성령님이 우리 안에서 하시는 또 다른 일은 어떤 것인지 사도행전 9:31을 읽고 확인합시다.

거 룩 한 보 편 교 회

사도신경은 또한 '거룩한 공회'를 믿는다고 고백합니다. '공회'는 영어나 라틴어에서 가톨릭(Catholic)이라는 단어를 사용하는데 이는 천주교를 의미하는 것이 아니라 '보편적인' 교회를 의미합니다. 모든 성도는 각각 지역 교회의 일원일 뿐만 아니라 이땅 위에 하나님을 믿는 모든 성도들로 구성된 공교회의 일원이기도 합니다. 그러므로 내가 다니는 교회뿐만 아니라 그리스도를 같은 머리로 섬기는 교회의 일원들을 위해서, 특별히 해외 여러 곳의 핍박받는 그리스도인들을 위해서 기도하고 지원하는 일은 우리의 의무입니다. 예수님께서 세우신 이 교회는 성령님을 통해서 그 앞으로 불러모아지고 보존됩니다. 우리는 살아서만 이 공교회의 일원인게 아니라 영원히 공교회의 구성원이 됩니다.

1. 예수님께서 이 교회를 어떻게 세우셨는지 요한복음 10:11 말씀을 통해 확인해 봅시다.

2. 교회에는 목사, 장로, 집사 등 여러 직분이 있습니다. 이런 직분들을 왜 세우셨는지 에베소서 4:11, 12을 통해 확인합시다.

3. 에베소서 4:4에서 이 교회의 성격에 대해서 잘 말해주고 있습니다. 찾아서 읽어보고 우리가 그런 성격을 잘 드러내고 있는지 생각해 봅시다. 또 어떻게 해야 그런 공교회성을 나타낼 수 있는지 할 수 있는 일들을 서로 이야기해 봅시다.

4. 고린도전서 12:27을 찾아서 읽고 '지체'의 의미와 '지체됨'에 대해서 서로 이야기해 봅시다.

성도가 서로 교통하는 것과

우리 모두는 공교회의 일원으로서 서로 한 몸이 된 지체입니다. 몸의 한 부분이 아프면 그것이 그 지체만의 아픔이 아니라 온 몸이 아픈 것처럼 교회의 약한 지체는 모든 교회의 약함과 아픔이 됩니다. 내가 혼자 하나님 앞에서 성도로 서는 것만이 아니라 우리가 함께 하나님 앞에 설 수 있어야 합니다. 공교회에 대한 고백에서 살펴 보았듯이 그것은 단지 한 지교회 안에서만의 일이 아닌 이 우주적 공교회 전체의 문제입니다.

1. 고린도전서 6:17을 읽어 봅시다. 이 구절이 무엇을 의미할까요? 이 구절에 의하면 우리는 어떻게 살아야 할까요?

2. 그리스도인의 사귐에 대한 요한일서 1:3을 읽고 교회 안에서 우리의 사귐이 그러한지 서로 이야기해 봅시다. 그리고 그런 사귐을 위해서 우리가 해야 할 일은 무엇일지도 서로 이야기해 봅시다.

3. 고린도전서 13장은 교회와 성도가 어떠해야 하는지 알려주는 가장 중요한 가르침을 주고 있습니다. 찾아서 함께 읽어보고 우리 교회에 어떻게 적용할 수 있을지 고민해 봅시다.

정리

1. 성령님은 (   )이십니다. 그분은 (   )에 계시며 영원히 우리와 (   ) 하십니다.

2. 우리는 거룩한 (   )의 구성원으로 (   )으로 하나 된 그리스도의 몸의 (   )들입니다.

1. 우리가 정말 의지하는 것이 무엇인지 생각해 봅시다.

2. 이 땅의 것을 의지하지 않고 오직 예수 그리스도만을 의지하기 위해서 우리가 어떻게 해야 하는지 서로 이야기해 보고 한 주간 실천해 봅시다.

성도들이 겪을 일들에 관한 믿음

18

성부 하나님께 창조되고 선택받았으며 예수 그리스도의 구원에 참여하고 성령에 의해서 성화되는 성도들은 죄사함을 받게 됩니다. 그는 비록 일평생 싸워야 할 죄의 본성을 가지고 있지만 하나님께서는 그것을 없는 것처럼 여겨 주십니다. 그들은 예수님이 재림하시는 날 육신을 입고 부활합니다. 그리고 영원히 하나님을 찬양하며 완전한 복락을 누리게 됩니다.

제 56 문   '죄 사함'에 관하여 당신은 무엇을 믿습니까?

답 . .   그리스도께서 하나님의 의를 만족시키셨기 때문에 하나님께서는 나의 모든 죄와 내가 일평생 싸워야 할 나의 죄악된 본성을 더 이상 기억하지 않으십니다. 오히려 하나님께서는 은혜로 그리스도의 의를 나에게 선물로 주셔서 결코 정죄함에 이르지 않게 하십니다.

제 57 문   '육신의 부활'은 당신에게 어떠한 위로를 줍니까?

답 . .   이 생명이 끝나는 즉시 나의 영혼은 머리 되신 그리스도에게 올려질 것입니다. 또한 나의 이 육신도 그리스도의 능력으로 일으킴을 받아 나의 영혼과 다시 결합되어 그리스도의 영광스러운 몸과 같이 될 것입니다.

제 58 문   '영원한 생명'은 당신에게 어떠한 위로를 줍니까?

답   . .   내가 이미 지금 영원한 즐거움을 마음으로 누리기 시작한 것처럼 이 생명
         이 끝나면 눈으로 보지 못하고 귀로도 듣지 못하고 사람의 마음으로도 생
         각지 못한 완전한 복락을 얻어 하나님을 영원히 찬양할 것입니다.

성경으로의 접근

칭의를 얻음

하나님께서는 자신이 선택하셔서 예수 그리스도를 통해 구원하신 자들을 의롭다 여
겨 주십니다. 예수님을 믿는다고 해서 더 이상 죄를 안 짓게 되는 것이 아닙니다. 우리
는 육체를 입고 이땅을 살아가는 동안 여전히 육신으로 죄를 짓습니다. 그러나 하나
님께서는 그런 우리들을 의롭다 여겨 주십니다. 이를 이신칭의라고 합니다. 하나님은
우리의 의가 아니라 예수 그리스도의 의를 우리의 것으로 간주하셔서 우리를 죄 없다
해 주십니다. 이는 하나님이 우리에게 주시는 은혜이자 죄와 씨름하면서도 날마다 죄
를 짓고 고통당하는 우리들에게 참된 위로와 소망이 됩니다.

1. 구원받은 성도라 하더라도 여전히 죄 가운데 있습니다. 그런 성도의 상태
   를 바울이 잘 보여줍니다. 로마서 7:23~25을 읽고 참된 성도의 상태와 태
   도가 어떤 것인지 생각해 봅시다.

2. 로마서 3:24과 에베소서 2:8, 9을 읽어보고 이러한 칭의가 어디서 오는지
   이야기해 봅시다.

3. 이는 신약에서만 이야기하는 것이 아닙니다. 이미 구약에서 우리의 죄에
   대해서 하나님께서 어떻게 하실지 이야기하고 있습니다. 미가서 7:19과
   시편 103:3, 10, 12을 읽고 뭐라고 말씀하시는지 알아 봅시다.

4. 고린도후서 5:21을 읽어 봅시다. 성도와 그리스도 사이에서 일어나는 일
   이 잘 묘사되어 있습니다. 그 둘 사이에서는 어떤 일이 일어나는지 설명
   해 봅시다.

몸 이 다 시 사 는 것 과

예수님의 재림 때 우리는 부활하게 될 것입니다. 어떤 사람들은 우리의 영만이 거룩
해서 영생을 누리고 우리의 육체는 더러운 것이라서 죽어 땅에 묻히고 썩어버리면 그
만이라고 가르치지만 그것은 잘못된 가르침입니다. 영생은 우리의 영으로만 누리는
것이 아니라 예수님 재림 후에 부활할 우리의 육체를 가지고 누리게 될 영원한 복락
이 될 것입니다.

1. 성경은 우리 육체의 죽음에 대해서 어떻게 가르치고 있는지 다음 구절들
   을 통해 확인해 봅시다.
   (1) 누가복음 20:37, 38
   (2) 누가복음 23:43
   (3) 요한계시록 14:13

2. 성경에서 이야기하는 부활은 어떤 것인지 다음 구절들을 통해 알아 봅시다.
   (1) 요한복음 5:29
   (2) 마가복음 12:24~27
   (3) 고린도전서 15:42, 43

3. 죽음 후의 우리의 육체에 대해 이야기하는 욥기 19:26~27의 말씀을 읽고
   그것이 어떤 것일지 생각해 봅시다.

영원히 사는 것을 믿사옵나이다

부활한 우리의 몸과 영혼은 하나님의 나라에서 영원히 살게 될 것입니다. 그곳에서는 다시는 슬픔이나 고통도 없고 탄식의 눈물도 없을 것입니다. 더 이상 죽음이 왕노릇 하지 못하며 영원한 복락만이 우리에게 예비되어 있습니다. 우리는 그곳에서 주님과 함께 살며 영원히 하나님을 찬양하는 삶을 살게 될 것입니다. 어떤 사람들은 그 영원한 삶이 지겨울 것이라고 하는 사람들도 있습니다. 그러나 하나님이 우리의 창조주이시고 기쁨의 근원이시며 모든 즐거움의 원천이기에 그 하나님을 영원히 찬양하는 삶은 지루할 틈도, 피곤할 틈도 없습니다. 우리는 영원한 즐거움을 누리게 될 것입니다.

1. 우리는 비록 완전하지는 않지만 그 영원한 즐거움을 마음으로 누리고 있습니다. 그 이유가 무엇인지 요한복음 17:3과 요한일서 3:14을 읽고 생각해 봅시다.

2. 다음 구절들을 읽고 신자들이 천국에서 받을 복락에 대해서 성경이 무엇이라 증거하고 있는지 서로 이야기해 봅시다.
   (1) 요한복음 17:24
   (2) 고린도전서 2:9
   (3) 요한계시록 21:4

정리

1. 믿는 자들은 (   )를 얻게 됩니다. 그들은 예수님께서 재림하실 때에 (   )부활하게 될 것입니다.

2. 부활한 자들은 (   )에서 영원히 하나님을 (   )할 것입니다.

1. 우리의 부활한 몸이 어떤 것이 될지는 정확히 모르지만 확실한 사실은 우리의 몸도 우리의 영과 똑같이 중요하다는 것입니다. 우리 몸을 건강하게 가꾸기 위해서 어떤 일을 해야 하고 혹은 하지 말아야 할지 이야기하고 실천합시다.

2. 천국의 기쁨은 이미 시작되었습니다. 어려운 일을 만날 때도 하나님 나라의 소망을 품고 기뻐하며 감사하는 삶을 삽시다.

믿음으로 의롭다 하심

19

앞 과에서 이신칭의의 의미에 대해서 간략히 배웠습니다. 여기서는 좀 더 구체적으로 이신칭의에 대해서 이야기합니다. 우리는 오직 믿음으로 의롭다 함을 얻습니다. 그리고 이 믿음은 오직 하나님의 은혜로만 받을 수 있습니다.

제 59 문   이 모든 것을 믿는 것이 당신에게 지금 어떤 유익을 줍니까?

답   . .   그리스도 안에서 나는 하나님 앞에 의롭게 되며 영원한 생명의 상속자가 됩니다.

제 60 문   **당신은 어떻게 하나님 앞에서 의롭게 됩니까?**

답   . .   오직 예수 그리스도에 대한 참된 믿음으로만 됩니다. 비록 내가 하나님의 모든 계명을 크게 어겼고 단 하나도 지키지 않았으며 여전히 모든 악으로 향하는 성향이 있다고 나의 양심이 고소하지만, 하나님께서는 나의 공로가 전혀 없이 순전히 은혜로 그리스도의 온전히 만족케 하심과 의로움과 거룩함을 선물로 주십니다. 하나님께서는 마치 나에게 죄가 전혀 없고 또한 내가 죄를 짓지 않은 것처럼, 실로 그리스도께서 나를 위해 이루신 모든 순종을 내가 직접 이룬 것처럼 여겨 주십니다. 오직 믿는 마음으로만 나는 이 선물을 받습니다.

제 61 문　　당신은 왜 오직 믿음으로만 의롭게 된다고 말합니까?

답　　.　.　나의 믿음에 어떤 가치가 있어서 하나님께서 나를 받으실 만한 것은 아니며, 오직 그리스도의 만족케 하심과 의로움과 거룩함만이 하나님 앞에서 나의 의가 됩니다. 오직 믿음으로만 이 의를 받아들여 나의 것으로 삼을 수 있습니다.

성경으로의 접근

믿음으로만 의로워짐

인간은 죄로 말미암아 부패하되 철저하게 부패한 존재입니다. 인간 스스로의 능력으로는 어떤 선한 일을 행할 수도 없고 하나님의 구원에 가까이 다가갈 수 없습니다. 선한 일과 구원에 전적으로 무능력한 존재이기 때문입니다. 마치 바다에 빠져서 허우적거리는 사람이 자기 머리를 붙잡아 밖으로 당긴다고 해도 스스로를 건질 수 없듯이 모든 인간은 죄라는 바다에 빠져서 허우적거리는 존재들입니다. 하나님께서 우리에게 은혜를 베푸시지 않으신다면 우리는 단 한 사람의 예외도 없이 모두 멸망하는 것이 당연합니다. 그러나 하나님께서는 우리에게 은혜를 베푸십니다. 그리스도 안으로 우리를 부르시며 그 안에 거하는 모든 자들을 의롭다 여겨 주시며 생명의 상속자로 삼아 주십니다.

1. 신구약 성경에는 모두 생명을 얻을 다른 길이 없음을 우리에게 말씀하고 있습니다. 하박국 2:4과 로마서 1:17을 찾아서 읽고 무엇이 우리를 생명으로 인도하는지 생각해 봅시다.

2. 유대인들은 아직도 율법을 지킴으로 구원을 받을 수 있다고 믿습니다. 그러나 우리는 그것이 구원의 길이 아님을 잘 압니다. 로마서 3장, 특히 21~26을 읽고 율법과 복음의 차이에 대해서 이야기해 봅시다.

3. 율법은 어떤 용도로 우리에게 주어졌을까요? 로마서 3:20을 읽고 이야기해 봅시다.

4. 한 가지 율법을 어기는 것과 모든 율법을 어기는 것 사이에는 어떤 차이가 있는지 야고보서 2:10, 11을 읽고 이야기해 봅시다.

의로워지는 것이 아니라 의롭다 여겨 주심

구원받은 성도라 하더라도 한순간에 완전히 의로워져서 죄를 짓지 않는 존재가 되지 않습니다. 우리 육체는 여전히 죄 가운데 거합니다. 그러나 하나님은 우리를 의롭다 여겨 주십니다. 이는 마치 법정에서 재판장이 죄인에게 내리는 선고와도 같습니다. 우리는 여전히 죄인입니다. 그러나 재판장이신 하나님은 우리에게 무죄 선고를 내려 주십니다. 그리스도께서 이미 우리의 죗값을 대신 치르셨기 때문입니다. 나의 공로가 전혀 없고 오직 은혜로만 되는 일입니다.

1. 구약성경에서는 이스라엘 민족이 하나님의 선택된 백성이었습니다. 그들에 대해서 성경은 뭐라고 묘사하고 있는지 신명기 9:6을 찾아 읽고 이야기해 봅시다.

2. 디도서 3:5을 읽고 신약 시대의 우리는 어떤지 생각해 봅시다.

3. 우리가 의롭다 여김을 받는 방법은 무엇입니까? 로마서 4:24, 25을 읽고 서로 이야기해 봅시다.

4. 구원을 받기 위해서 우리가 알아야 하는 유일한 것이 무엇인지 고린도전서 2:2을 읽고 확인합시다.

5. 우리는 어떻게 해야 합니까? 로마서 10:10이 가르쳐 줍니다. 읽고 우리에게 필요한 것이 무엇인지 이야기해 봅시다.

정리

1. 오직 (   )으로만 의롭다 칭함을 받을 수 있습니다.

2. 이는 우리 (   )의 결과가 아닌 하나님의 전적인 (   )입니다.

실천

1. 의롭다 칭해 주시는 하나님의 은혜에 어떻게 감사할 수 있을까요? 서로 이야기하고 실천합시다.

인간의 선행은 공로가 될 수 없음

20

다른 종교들은 구원을 얻기 위해 인간이 무엇인가를 해야 한다고 가르칩니다. 선행을 쌓고 신의 섭리가 닿았다고 하는 곳을 찾아 성지순례를 떠나고 명상을 하며 도를 닦습니다. 그러나 인간의 그런 행위가 인간에게 구원을 주거나 자유를 주지 못하고 위로를 줄 수도 없습니다. 우리의 행위로는 아무 것도 얻을 수 없습니다.

제 62 문   우리의 선행은 왜 하나님 앞에서 의가 될 수 없으며 의의 한 부분이라도
          될 수 없습니까?

답   · ·   하나님의 심판대 앞에 설 수 있는 의는 절대적으로 완전해야 하며 모든 면
          에서 하나님의 율법에 일치해야 합니다. 그러나 우리가 이 세상에서 행한
          최고의 행위라도 모두 불완전하며 죄로 오염되어 있습니다.

제 63 문   하나님께서 우리의 선행에 대해 이 세상과 오는 세상에서 상 주시겠다고
          약속하시는데, 그래도 우리의 선행은 아무 공로가 없다고 할 수 있습니까?

답   · ·   하나님의 상은 공로로 얻는 것이 아니고 은혜로 주시는 선물입니다.

제 64 문   이러한 가르침으로 말미암아 사람들이 무관심하고 사악하게 되지 않겠
          습니까?

답 . . 아닙니다. 참된 믿음으로 그리스도에게 접붙여진 사람들이 감사의 열매를
맺지 않는 것은 불가능합니다.

성경으로의 접근

선 한 행 위 로 얻 는 구 원 ?

인간은 완전히 타락한 존재입니다. 종교개혁자 칼빈은 하나님을 모르는 인간이 하는
선한 행위도 하나님의 은혜로 하는 것이지 인간 스스로에게서 나오는 것이 아니라 했
습니다. 성경은 의인은 없나니 하나도 없다고 가르칩니다. 누군가 자신의 행위가 완
전히 선한 것이라고 주장하려면 율법의 하나라도 어김이 없이 다 일치해야 합니다.
그러나 그렇게 할 수 있는 사람은 아무도 없습니다.

1. 신명기 27:26은 행위로 완전해질 수 있는 방법을 우리에게 소개하고 있
   습니다. 어떤 것인지 확인하고 그렇게 완전하지 못한 자들에게 남은 것은
   무엇인지 확인합시다.

2. 우리가 의로운 행위라고 생각하는 것들에 대해서 성경은 무엇이라고 말
   씀하는지 이사야 64:6을 읽고 생각해 봅시다.

하나님의 상급에 관하여

성경은 하나님을 섬기며 선한 일을 행하는 자들에게 하늘에서 상급이 클 것이라고 이
야기합니다. 때때로 우리는 이 땅에서의 선행에 대해서 하늘에서 받을 보상과 상급을
가르치는 이야기를 듣기도 하고 이를 기대하기도 합니다. 그러나 이러한 상급 역시도
우리의 선행의 결과는 아닙니다. 선한 모든 것, 상급이라 말씀하는 모든 것은 철저히
하나님의 은혜의 결과입니다.

1. 성경에는 분명히 상급에 대한 언급이 있습니다. 마태복음 5:12을 읽고 확인해 봅시다.

2. 또한 하나님이 상급 주신다는 사람들에 대해서 성경은 이렇게 이야기합니다. 히브리서 11:6을 읽어 봅시다.

3. 그 앞에 우리는 어떤 태도를 취하게 됩니까. 누가복음 17:10을 읽어 봅시다.

4. 궁극적으로 하나님이 주실 상급에 대해서 바울은 디모데후서 4:7, 8에서 이야기하고 있습니다. 찾아서 읽고 어떤 내용인지 확인합시다.

감사의 열매

하나님의 은혜를 받은 사람들에게는 분명한 특징이 나타납니다. 그것은 더 이상 자신의 인생을 자신의 것으로 여기지 않게 된다는 것입니다. 우리의 인생은 하나님께서 우리에게 주신 선물이고 은혜입니다. 그렇기 때문에 성도는 그 인생을 감사로 하나님께 드릴 수밖에 없습니다. 그것은 억지로 되는 것이 아니라 하나님의 은혜를 경험한 사람이라면 누구나 당연히 겪게 되는 변화입니다.

1. 마태복음 7:18을 읽어 봅시다. 우리의 인생이 감사의 인생이 되는 이유는 무엇인지 서로 이야기해 봅시다.

2. 이런 감사의 열매를 맺기 위한 유일한 방법을 요한복음 15:5에서 가르쳐 줍니다. 찾아서 읽고 우리도 이런 열매를 맺게 해달라고 하나님께 간구합시다.

1. 어떤 사람도 (   )을 완전히 지킬 수 없고, 인간의 (   )는 모두 오염되어 있습니다.

2. 하나님의 (   )은 인간의 (   )의 결과로 받는 것이 아니라 하나님의 (   )입니다.

실 천

1. 상급을 위해서가 아니라 은혜에 감사하는 삶을 삽시다.

2. 감사의 삶을 살기 위해 우리가 해야 할 일이 무엇이 있을지 서로 이야기하고 실천
   합시다.

성례가 무엇입니까?

21

우리를 구원으로 인도하는 이 믿음은 어디에서 옵니까? 그것은 선포되는 복음을 듣는 것으로 일으켜지며 세례와 성찬의 시행을 통해 굳세어집니다. 하나님의 말씀과 그리스도께서 제정하신 성례는 우리에게 믿음을 주기에 충분할 정도로 능력이 있습니다.

제 65 문   오직 믿음으로만 우리가 그리스도와 그의 모든 은덕에 참여할 수 있는데, 이 믿음은 어디에서 옵니까?

답 . .   성령에서 옵니다. 그분은 거룩한 복음의 강설로 우리의 마음에 믿음을 일으키며, 성례의 시행으로 믿음을 굳세게 하십니다.

제 66 문   성례가 무엇입니까?

답 . .   성례는 복음 약속의 눈에 보이는 거룩한 표와 인으로, 하나님께서 제정하신 것입니다. 성례가 시행될 때, 하나님께서는 복음 약속을 우리에게 훨씬 더 충만하게 선언하고 확증하십니다. 이 약속은 그리스도가 십자가 위에서 이루신 단번의 제사 때문에, 하나님께서 우리에게 죄 사함과 영원한 생명을 은혜로 주신다는 것입니다.

제 67 문   그러면 말씀과 성례 이 둘은 우리의 믿음을 우리의 구원의 유일한 근거가

답 · · 되는 것, 곧 예수 그리스도의 십자가의 제사로 향하도록 하기 위한 것입니까?

참으로 그렇습니다. 우리의 모든 구원이 그리스도가 우리를 위해 십자가 위에서 이루신 단번의 제사에 있다는 것을 성령께서는 복음으로 가르치고 성례로 확증하십니다.

제 68 문 그리스도께서 신약에서 제정하신 성례는 몇 가지입니까?

답 · · 거룩한 세례와 성찬, 두 가지입니다.

성경으로의 접근

믿음을 일으키는 복음의 강설

믿음은 성령님께서 우리에게 주시는 은혜입니다. 이것은 그냥 생기는 것이 아닙니다. 하나님의 말씀이 선포되고 선포되어진 말씀을 듣는 자들에게 성령님이 역사하셔서 얻을 수 있는 것이 믿음입니다. 우리의 노력이나 공부를 통해서 가질 수 있지 않고 오직 성령님의 은혜를 통해서만 가능합니다.

1. 하나님의 나라에 들어갈 자가 누구인지 요한복음 3:5을 통해서 알아 봅시다.

2. 우리는 예수님을 우리의 주님이라고 인정합니다. 어떻게 예수님을 주라 인정할 수 있는지 고린도전서 12:3을 통해 확인합시다.

3. 로마서 10:17을 읽고 어떻게 믿음을 얻을 수 있나 서로 이야기해 봅시다. 그리고 이것을 아는 자들은 무엇을 해야 하는지에 대해서도 서로 이야기 해 봅시다.

4. 고린도전서 1:21을 읽어 봅시다. 이 믿음의 전파를 위해서 우리가 반드시 해야 하는 일을 알려 주십니다. 무엇인지 확인하고 이를 어떻게 할지 구체적으로 서로 나눠 봅시다.

성례란 무엇인가

성령님이 역사하셔서 복음의 강설을 통해 믿음을 얻게 되었다면 하나님께서는 그들에게 은혜를 베푸셔서 그 믿음을 굳게 하십니다. 그리스도께서 직접 제정하셔서 우리에게 주신 성례는 세례와 성찬입니다. 이 성례들은 하나님의 신비를 전해 줍니다. 그것에 참여해서 머리에 물이 뿌려지고 빵과 포도주를 먹고 마시는 것을 통해 하나님의 은혜가 전달됩니다. 기독교의 신비는 이런 것입니다. 뭔가 신기한 일이 일어나는 것이 아니라 이런 지극히 자연적인 행위들을 통해서 하나님의 은혜가 더해진다는 것이야말로 참된 신비입니다.

1. 구약의 대표적인 성례에 대해 창세기 17:11에서 이야기하고 있습니다. 무엇인지 찾아보고 그것이 하나님 앞에 어떤 의미를 가지고 있었는지 생각해 봅시다.

2. 성례의 참된 의미를 신명기 30:6에서 이야기하고 있습니다. 어떤 것인지 알아 봅시다.

3. 그밖에 구약에서 이야기하는 성례들을 다음 구절을 통해 알아보고 결국 성례가 무엇인지 생각해 봅시다.
   (1) 이사야 54:9
   (2) 에스겔 20:12

4. 이 성례를 통해 우리에게 확증해 주시는 약속이 무엇인지 히브리서
10:10을 통해 확인해 봅시다.

두 성례

성경이 이야기하는 성례는 세례와 성찬으로서 이는 그리스도께서 친히 제정하신 것입니다. 예수님 스스로 세례 요한에게 세례를 받으셨을 뿐 아니라 곳곳에서 세례를 통해 거듭남을 말씀하셨습니다. 또한 잡히시기 전날 밤에 성찬을 행하시며 이를 영원히 행하여 주님을 기념하라고 명하셨습니다. 이 두 성례 외에 다른 성례는 모두 거짓 성례입니다. 특히 가톨릭교에서 이야기하는 칠성사중 세례(영세)와 성찬을 제외한 다른 성사들은 인간이 고안해 낸 거짓 성사들로 이를 따라서는 안됩니다.

1. 갈라디아서 3:27을 읽고 세례가 무엇인지 이야기해 봅시다.

2. 고린도전서 11:26을 읽고 성찬이 무엇인지 이야기해 봅시다.

정리

1. ( )는 하나님의 ( )을 우리에게 확신시켜 주는 예식으로서 우리를 위하여 죽으신 ( )를 믿는 자마다 ( )을 받는다는 약속을 재확인해 줍니다.

2. 참된 성례는 ( )와 ( ) 두 가지입니다.

실천

1. 세례가 무엇인지 생각해보고 아직 세례를 받지 않은 사람이 있다면 세례 받기 위한 준비를 시작합시다.

2. 성례에 어떤 마음으로 참여해야 할지 생각하고 서로 이야기해 봅시다.

세례에 관하여

22

세례는 우리의 죄를 씻고 다시 태어남을 의미합니다. 우리는 물로 몸을 씻듯이 그리스도의 피로 죄가 씻겨져 새로운 사람이 됩니다.

제 69 문   그리스도께서 십자가 위에서 이루신 단번의 제사가 당신에게 유익이 됨을 거룩한 세례에서 어떻게 깨닫고 확신합니까?

답 . .   그리스도께서 물로 씻는 이 오적 의식을 제정하시고, 그의 피와 성신으로 나의 영혼의 더러운 것, 곧 나의 모든 죄가 씻겨짐을 약속하셨습니다. 이것은 물로 씻어 몸의 더러운 것을 없애는 것처럼 확실합니다.

제 70 문   그리스도의 피와 성령으로 씻겨진다는 것은 무슨 뜻입니까?

답 . .   그리스도의 피로 씻겨짐은 십자가의 제사에서 우리를 위해 흘린 그리스도의 피로 말미암아 은혜로 우리가 하나님께 죄 사함 받았음을 뜻합니다. 성령으로 씻겨짐은 우리가 성령으로 새롭게 되고 그리스도의 지체로 거룩하게 되어, 점점 더 죄에 대하여 죽고 거룩하고 흠이 없는 삶을 사는 것을 의미합니다.

제 71 문   세례의 물로 씻는 것처럼 확실히, 그리스도께서 자신의 피와 성령으로 우리를 씻으신다는 약속을 어디에서 하셨습니까?

답 . . 세례를 제정하실 때 이렇게 말씀하셨습니다. '그러므로 너희는 가서 모든 족속으로 제자를 삼아 아버지와 아들과 성령의 이름으로 세례를 주고'(마 28:19), '믿고 세례를 받는 사람은 구원을 얻을 것이요 믿지 않는 사람은 정죄를 받으리라'(막 16:16). 이 약속은 성경이 세례를 '중생의 씻음' 혹은 '죄를 씻음'이라고 부른 데서도 거듭 나타납니다(딛 3:5, 행 22:16).

제 72 문 세례의 물로 씻음이 곧 죄 씻음 자체입니까?

답 . . 아닙니다. 오직 예수 그리스도의 피와 성령만이 우리를 모든 죄에서 깨끗하게 합니다.

제 73 문 그러면 왜 성령께서는 세례를 '중생의 씻음'과 '죄를 씻음'이라 하셨습니까?

답 . . 하나님께서 그렇게 말씀하신 데에는 중요한 이유가 있습니다. 하나님께서는 몸의 더러운 것이 물로 씻겨지듯이 우리의 죄가 그리스도의 피와 성령으로 없어짐을 우리에게 가르치려 하셨습니다. 더 나아가서 우리의 죄가 영적으로 씻겨지는 것이 우리의 몸이 물로 씻겨지는 것처럼 매우 실제적임을 이러한 신적 약속과 표로써 우리에게 확신시키려 하셨습니다.

제 74 문 유아들도 세례를 받아야 합니까?

답 . . 그렇습니다. 그것은 유아들도 어른들과 마찬가지로 하나님의 언약과 교회에 속하였고, 또한 어른들 못지않게 유아들에게도 그리스도의 피에 의한 속죄와 믿음을 일으키시는 성신이 약속되었기 때문입니다. 그러므로 유아들도 언약의 표인 세례를 통하여 그리스도의 교회에 연합되고 불신자의 자녀와 구별되어야 합니다. 이런 일이 구약에서는 할례를 통하여 이루어졌으나 신약에서는 그 대신 세례가 제정되었습니다.

세례의 의미

그리스도께서 제정하신 첫 번째 성례는 세례입니다. 세례는 물로 씻어 깨끗하게 되었음을 의미합니다. 예수님께서는 세례 요한에게 세례를 받으셨으며 세례를 주어 제자를 삼으라 명하셨습니다. 세례는 나의 모든 죄가 씻겨짐을 의미합니다. 우리의 죄를 물과 성령으로 씻음으로 우리는 죄에 대해서는 더욱 더 죽고 의에 대해서는 더욱 더 살게 됩니다.

1. 세례는 주님의 명령으로 제정되었습니다. 마태복음 28:19을 읽어 봅시다.

2. 이미 구약에서도 세례의 의미를 설명하는 구절이 등장합니다. 에스겔 36:25을 찾아서 읽고 어떤 의미였는지 알아 봅시다. 또한 이 구절과 관련해서 세례를 받은 자들은 삶에서 무엇을 제하여야 하는지도 생각해 봅시다.

3. 스가랴 13:1에서는 세례와 관련하여 장차 있을 일을 예언했습니다. 우리에게는 이미 이루어진 일입니다. 어떤 일일까요?

4. 사도행전 2:38에는 세례에 대해서 베드로가 한 말이 등장합니다. 찾아서 읽고 세례가 무엇인지 설명해 봅시다.

5. 히브리서 12:24에서는 세례 때 우리의 머리에 뿌려지는 물이 결국 이것을 상징한다고 이야기합니다. 이것은 무엇인지 알아 봅시다.

6. 세례에는 단순히 죄사함의 의미만 담겨 있는 것은 아닙니다. 로마서 6:3,

4을 찾아서 읽고 또 어떤 의미를 가지고 있는지 알아 봅시다.

7. 에스겔 36:26~27을 찾아서 읽고 세례를 받은 사람에게 어떤 변화가 일어나는지 생각해 봅시다. 또 우리에게도 그런 변화가 일어나는지 서로 이야기해 봅시다.

8. 세례의 마지막 의미는 고린도전서 12:13에서 이야기합니다. 우리가 간과하기 쉬운 일인데 어떤 것인지 찾아서 읽고 서로 이야기해 봅시다.

세례에 대한 오해

지난 과에 살펴보았듯이 성례는 하나님의 약속을 눈에 보이는 표시로 나타내는 것입니다. 세례도 마찬가지입니다. 세례는 우리가 구원받았음을 눈에 보이는 표로 나타내 보이는 것입니다. 세례를 받는 것 자체가 우리의 죄를 씻거나 우리를 구원으로 인도하는 것은 아닙니다. 우리를 깨끗케 하시는 것은 세례 때 뿌려지는 물이 아니라 그리스도의 피와 성령님이십니다. 세례는 다만 우리가 구원 받았으며 교회의 일원이 되었음을 눈으로 나타낼 수 있게 보이는 표일 뿐입니다. 믿음이 없는 자들은 세례를 받았다 해서 그것이 그들의 구원을 보증하는 것이 될 수 없습니다. 그러나 믿는 자들에게는 이 세례가 하나님의 은혜의 도구가 돼서 그들의 믿음을 더욱 굳게 합니다.

1. 에베소서 5:26을 찾아서 읽어 봅시다. 참으로 우리를 깨끗케 하는 것은 무엇입니까?

2. 고린도전서 6:11에는 우리를 깨끗하게 만드는 것이 무엇인지 제시됩니다. 읽고 확인합시다.

3. 그렇다면 세례를 받는 이유는 무엇입니까? 요한일서 5:6~8을 찾아 읽고 하나님께서 세례를 통해 우리에게 주시는 것이 무엇인지 확인해 봅시다.

4. 참된 세례의 효능을 얻기 위해서 무엇이 필요한지 마가복음 16:16을 찾아서 읽고 확인해 봅시다.

유아세례에 관하여

어떤 사람들은 세례받는 사람의 확실한 신앙고백이 있어야만 그 세례에 효력이 있기에 아직 믿음이 뭔지 모르는 유아에게 베푸는 세례는 헛된 것이라 주장하기도 합니다. 그러나 성경은 하나님의 약속이 언약 백성의 후손들에게 상속됨을 이야기합니다. 이미 구약시대에는 방금 태어난 갓난 아이들에게 할례를 행해서 그들이 하나님의 언약 안에 있음을 표시했습니다. 그 아이가 자라서 믿음 안에 있을지 그렇지 않을지와는 상관 없이 말입니다. 그 아이를 하나님의 백성으로 키워내는 것은 부모의 책임이었습니다. 그래서 유아세례는 성경적으로 분명한 근거가 있습니다. 그리고 유아세례를 받은 아이를 하나님의 백성으로 키워내는 데에는 부모의 책임이 막중합니다.

1. 창세기 17:10, 14을 읽고 이스라엘 백성에게 주어졌던 성례인 할례에 대해서 알아 봅시다.

2. 하나님의 약속은 우리와 우리 자녀에게 함께 주어집니다. 사도행전 2:39을 찾아서 읽어 봅시다.

정리

1. (   )는 믿는 자들을 씻어 깨끗하게 하신다는 하나님의 (   )을 증명하는 표입니다.

2. 세례가 사람을 깨끗게 하는 것이 아니라 오직 그리스도의 (   )와 (   )이 그렇게 합니다. 세례는 그렇게 깨끗하게 되었다는 증거일 뿐입니다.

실 천

1. 이미 세례를 받았다면 세례 받은 사람으로서 어떻게 살아야 할지 다시 생각해 봅시다.

2. 아직 세례를 받지 않았다면 하이델베르크 요리문답을 공부하면서 세례 받기 위한 믿음의 준비를 합시다.

성찬에 관하여 1

23

우리에게 주어진 두 번째 성례는 성찬입니다. 성찬은 주님의 죽으심을 기억하며 재림 때까지 주님을 기념하기 위한 성례입니다. 우리는 성찬의 빵과 포도주를 먹으며 우리를 위하여 찢기신 주님의 몸과 우리를 위하여 흘리신 주님의 피를 기억해야 합니다.

제 75 문　　**그리스도께서 십자가 위에서 이루신 단번의 제사와 그의 모든 공효에 당신이 참여함을 성찬에서 어떻게 깨닫고 확신합니까?**

답　.　.　그리스도께서는 나와 모든 성도에게 그를 기념하여 이 뗀 떡을 먹고 이 잔을 마시라고 명령하시고 또한 이렇게 약속하셨습니다. 첫째, 주님의 떡이 나를 위해 떼어지고 잔이 나에게 분배되는 것을 내 눈으로 보는 것처럼 확실히, 그의 몸은 나를 위해 십자가에서 드려지고 찢기셨으며 그의 피도 나를 위해 쏟으셨습니다. 둘째, 그리스도의 살과 피의 확실한 표로서 주님의 떡과 잔을 내가 목사의 손에서 받아 입으로 맛보는 것처럼 확실히, 주님께서는 십자가에 달리신 그의 몸과 흘리신 피로써 나의 영혼을 친히 영생에 이르도록 먹이시고 마시우실 것입니다.

제 76 문　　**십자가에 달리신 그리스도의 몸을 먹고 그의 흘리신 피를 마신다는 것은 무슨 뜻입니까?**

답 . . 그것은 믿는 마음으로 그리스도의 모든 고난과 죽음을 받아들이고 이로써 죄 사함과 영원한 생명을 얻는 것이며, 나아가서 그리스도 안에 또한 우리 안에 거하시는 성령으로 말미암아 우리가 그리스도의 거룩한 몸에 더욱더 연합됨을 의미합니다. 비록 그리스도는 하늘에 계시고 우리는 땅에 있다 할지라도 우리는 '그의 살 중의 살이요 그의 뼈 중의 뼈'이며, 마치 우리 몸의 지체들이 한 영혼에 의해 살고 다스림을 받는 것처럼, 우리도 한 성령에 의해서 영원히 살고 다스림을 받습니다.

제 77 문 **믿는 자들이 이 뗀 떡을 먹고 이 잔을 마시는 것처럼 확실히, 그리스도께서 그들을 그의 몸과 피로 먹이고 마시우겠다는 약속을 어디에서 하셨습니까?**

답 . . 성찬을 제정하실 때 이렇게 말씀하셨습니다. (고린도전서 11:23~26, 10:16~17 참고)

제 78 문 **떡과 포도주가 그리스도의 실제 몸과 피로 변합니까?**

답 . . 아닙니다. 세례의 물이 그리스도의 피로 변하는 것도 아니고 죄 씻음 자체도 아니며 단지 하나님께서 주신 표와 확증인 것처럼, 주의 만찬의 떡도 그리스도의 실제 몸으로 변하는 것은 아닙니다. 성찬의 떡을 그리스도의 몸이라고 하는 것은 성례의 본질을 나타내는 성례적 용어입니다.

제 79 문 **그렇다면 왜 그리스도는 떡을 그의 몸이라고 하시고, 잔을 그의 피 혹은 그의 피로 세우는 새 언약이라고 말씀하십니까? 또한 바울 사도도 왜 그리스도의 몸과 피에 참여하는 것에 대해 말합니까?**

답 . . 그리스도께서 그렇게 말씀하신 데에는 중요한 이유가 있습니다. 마치 떡과 포도주가 육신의 생명을 유지시키듯이, 십자가에 달리신 그의 몸과 흘리신 피가 우리 영혼을 영생으로 이끄는 참된 양식과 음료라는 사실을 가르치시려는 것입니다. 더 나아가서 그리스도께서는 눈으로 볼 수 있는 이러한 표와 보증으로써 우리에게 다음을 확신시키려 하셨습니다.

첫째, 우리가 그리스도를 기념하면서 이 거룩한 표들을 육신의 입으로 받아 먹는 것처럼 실제로, 성령의 역사에 의해 우리가 그의 참된 몸과 피에 참여합니다.

둘째, 그리스도는 모든 고난과 순종이 확실하게 우리의 것이 되어, 마치 우리 자신이 직접 모든 고난을 당하고 우리의 죗값을 하나님께 치른 것과 같습니다.

성경으로의 접근

예수님이 제정하신 성찬

성찬은 우리 앞에서 빵이 찢겨지고 포도주가 부어짐을 우리 눈으로 보면서 예수님의 몸도 그렇게 찢겨졌으며 예수님의 피도 그렇게 부어졌음을 기억하기 위한 성례입니다. 그리고 그 찢겨짐과 부어짐이 바로 나를 위한 것이며 주님의 살과 피를 나의 양식으로 삼아 그분의 죽으심의 은혜에 동참하고 우리 육의 양식이 우리의 육체를 살찌우듯이 이 영의 양식으로 우리의 영을 살찌우는 성례입니다. 하나님께서는 믿음으로 성찬에 참여하는 자에게 영원히 배고프지 않는 양식과 영원히 목마르지 않는 음료를 제공하십니다.

1. 성찬은 우리 주님께서 직접 우리에게 명하신 성례입니다. 누가복음 22:19~20을 찾아서 읽고 성찬을 어떻게 진행해야 하는지 이야기해 봅시다.

2. 고린도전서 11:26을 읽고 이 성찬이 언제까지 계속되어야 하는 것인지 알아 봅시다.

성찬의 의미

성찬은 우리를 위하여 죽으신 예수 그리스도의 살과 피를 기념하는 것입니다. 성찬의 빵과 포도주를 먹는 사람들에게는 다음과 같은 의미가 있습니다. 첫 번째는 우리가 그분의 죽으심에 동참하여 그분과 함께 살리심을 입는다는 것입니다. 두 번째는 그리스도와 성도들의 연합을 눈으로 보여주며 이를 더욱 더 깊게 한다는 것입니다. 세 번째는 그리스도의 한 몸에 함께 참여함으로써 교회가 하나이며 한 지체임을 알게 합니다.

1. 고린도후서 5:14에서 이야기하는 성찬의 의미에 대해서 서로 이야기해 봅시다.

2. 성찬은 예수님께 속한 자들에게 생명을 주신다는 것을 눈으로 보게 해줍니다. 요한복음 6:57을 찾아서 읽어 봅시다.

2. 예수님을 믿는 자들은 그분과 하나입니다. 성찬은 이를 증거해 줍니다. 요한복음 6:55~56을 읽고 그 의미하는 바를 생각해 봅시다.

3. 또한 성찬은 예수를 믿는 자들이 각각 따로 떨어져서 개인적으로 주님을 섬기며 주님과 연합하는 것이 아니라 교회로 부르심을 받아 하나가 되어 주님과 연합해 있음을 보여줍니다. 우리가 예배시간에 함께 성찬에 참예하는 이유가 그것입니다. 고린도전서 10:16, 17을 찾아서 읽고 그 의미를 확인해 봅시다.

상징으로서의 성찬

천주교에서는 사제가 떡과 포도주를 축성할 때에 예수님께서 이 떡과 포도주에 임하셔서 실제로 예수님의 몸과 피가 된다고 가르칩니다. 이를 화체설이라 부릅니다. 또 어떤 교회에서는 성찬은 완전한 상징일 뿐으로 단지 예수 그리스도의 죽음을 기념만 할 뿐이지 그 밖의 다른 의미는 없다고도 가르칩니다. 그러나 우리는 성찬에 참예할 때 그 떡과 포도주에 예수 그리스도께서 영적으로 임하셔서 단순한 상징적 의미만이 아니라 믿음으로 참예하는 자들에게 실제로 하나님께서 베푸시는 은혜가 임한다고 믿습니다. 우리는 성찬에 참예함으로써 그리스도의 살과 피에 참여하게 됩니다.

1. 출애굽기 12:11, 13, 24~27을 읽어보면 유월절 규례가 등장합니다. 이스라엘 백성들은 유월절에 지금도 이와 같은 규례를 지킵니다. 그들은 지금도 유월절이면 급하게 나라를 떠나서 방랑을 시작하기 위해서가 아닌 그때 그렇게 하셨던 하나님의 명령과 약속을 기억하기 위해 이런 규례를 상징적으로 지키고 있습니다. 성찬도 마찬가지입니다. 빵과 포도주가 실제로 예수님의 살과 피로 변하는 것이 아니라 그것들을 상징하는 것이고 예수님은 그 빵과 포도주에 영적으로 임하십니다. 우리는 이를 기념하고 이를 통해서 은혜를 받습니다. 유월절 규례가 무엇인지 살펴보고 이 말씀을 통해서 우리는 성찬에 어떤 자세와 마음가짐으로 참예해야 할지 이야기해 봅시다.

2. 고린도전서 10:16을 찾아서 읽어 봅시다. 성찬에 참예하는 것은 어떤 의미입니까?

정리

1. 성찬은 (   )과 (   )를 나눠 먹고 마심으로 그리스도의 (   )을 그분의 (   )때까지 기념하는 것입니다.

2. (   )으로 성찬을 받는 자들은 그리스도의 (   )과 (   )에 참예하는 것이며 이를 통

해 그리스도와 더욱 (   )하고 (   )을 주시는 하나님의 (   )를 받습니다.

1. 성찬에 바르게 참예하는 것이 어떤 것인지 서로 이야기해 보고 일주일간 실천해 봅시다.

2. 우리가 그런 정체성을 가지고 있다면 참된 위로는 어디서 얻을 수 있을지 서로 이야기해 봅시다.

성찬에 관하여 2

요리문답

성찬은 예배와 관계가 깊습니다. 예배는 제사가 아닙니다. 그리스도께서 십자가에서 자신의 몸을 제물로 삼아 단번에 영원한 제사를 드리신 이후에 우리는 더 이상 하나님의 공의를 만족시키기 위한 제사를 드릴 필요가 없습니다. 예배는 하나님이 베푸신 구원의 은혜에 대한 감사와 찬양입니다. 더 이상 제단이라 부르는 곳에 제물을 드려서는 안됩니다. 이 성찬과 예배에 참여하는 사람은 회개하며 하나님의 은혜에 참여하는 사람입니다.

제 80 문　　**주의 만찬과 로마 교회의 미사는 어떻게 다릅니까?**

답　．．　성만찬은 십자가에서 단번에 드리신 예수 그리스도의 영원한 속죄를 통해서 우리 죄가 완전히 용서받았다는 선언입니다. 또한 그것은 성령께서, 하늘 아버지 우편에 계시면서 우리의 경배를 받으시는 그리스도에게 우리를 연합케 하신다는 선언입니다. 그러나 미사는 그리스도의 몸이 사제들에 의하여 날마다 산자들과 죽은 자들을 위하여 드려지지 않는다면 그의 십자가 고난을 통해서는 사죄를 얻지 못 한다고 가르칩니다. 또한 그리스도의 몸이 떡과 포도주의 형태로 나타나셔서 그곳에서 그리스도가 경배를 받으신다고 가르칩니다. 그러므로 미사는 단번에 드리신 예수 그리스도의 희생 제사를 근본적으로 부인하는 것이며 저주받을 우상 숭배인 것입니다.

제 81 문　누가 주의 상에 참여할 수 있습니까?

답 . . 자기의 죄 때문에 자신에 대해 참으로 슬퍼하는 사람, 그러나 그리스도의
고난과 죽음에 의해 자기의 죄가 사하여지고 남아 있는 연약성도 가려졌음
을 믿는 사람입니다. 또한 자신의 믿음이 더욱 강하여지고 돌이킨 삶을 살
기를 간절히 소원하는 사람이 참여할 것입니다. 그러나 외식하거나 회개하
지 않는 사람이 참여하는 것은 자기가 받을 심판을 먹고 마시는 것입니다.

제 82 문　자신의 고백과 생활에서 믿지 않음과 경건치 않음을 드러내는 자에게도
이 성찬이 허용됩니까?

답 . . 아닙니다. 그렇게 되면 하나님의 언약이 더럽혀져서 하나님의 진노가 모
든 회중에게 내릴 것입니다. 그러므로 그리스도와 그의 사도들의 명령에
따라, 그리스도의 교회는 천국의 열쇠를 사용하여 그러한 자들이 생활을
돌이킬 때까지 성찬에서 제외시킬 의무가 있습니다.

성경으로의 접근

제사가 아닌 예배

예배는 우리를 구원하신 하나님의 은혜에 감사하는 감사의 행위입니다. 우리의 죄로
손상된 하나님의 의를 만족시키기 위한 희생의 제사가 아닙니다. 제사는 그리스도의
십자가 죽으심으로 끝났습니다. 강대상을 제단이라 부르는 것, 헌금을 제물이라 부르
며 바치는 것, 목사님이 제사장이라 생각하는 것 등 예배를 제사처럼 만드는 모든 것
은 그리스도의 죽으심을 부인하는 저주받을 우상 숭배입니다.

　1. 십자가에 달려 죽으신 예수님의 죽으심은 모든 제사를 완성시키시고 이
　　를 폐하시는 것이었습니다. 예수님 스스로 이를 선언하셨습니다. 요한복
　　음 19:30을 읽어보고 그 뜻을 새겨 봅시다.

2. 예수님의 삼중직에서 살펴 보았지만 예수님은 대제사장으로서 자신의 몸으로 완전하고 영원한 제사를 하나님께 드려 하나님의 의를 완전히 만족시키셨습니다. 히브리서 7:26, 27을 읽고 이를 확인해 봅시다.

3. 그렇다면 우리는 어떻게 예배해야 하는지 요한복음 4:23, 24과 로마서 12:1을 찾아서 읽고 서로 이야기해 봅시다. 또한 우리의 예배 자세를 점검합시다.

성 찬 에 합 당 한 자

우리는 이 성찬에 아무렇게나 참여해서는 안됩니다. 성찬은 그리스도의 죽으심을 상징하며 기념하는 자리입니다. 성찬에 합당한 마음과 몸을 준비해서 참여해야 합니다. 합당하지 않게 참여하는 자는 그리스도의 살과 피를 먹고 마시는 것이 아니라 자기의 죄를 먹고 마시는 것입니다.

1. 다음 구절들을 읽고 성찬에 합당하게 참여하기 위해서 우리가 준비해야 하는 일들이 무엇인지 알아 봅시다.
   (1) 고린도전서 11:29
   (2) 고린도후서 13:5
   (3) 고린도전서 11:31
   (4) 고린도전서 5:8

2. 81문을 다시 읽어보고 성찬에 참여할 사람의 조건을 정리해 봅시다.
   (1)
   (2)
   (3)

(4)

3. 그렇다면 성찬에 참여하지 못하는 사람은 어떤 사람입니까?

4. 3번의 답과 같은 사람들이 성찬에 참여할 때, 또 그들이 드리는 예배에 대해서 하나님은 어떻게 생각하시는지 시편 50:16과 이사야 66:3을 찾아서 읽고 생각해 봅시다. 또한 이런 사람들이 드리는 예배를 하나님이 받으실지에 대해서도 생각해 보고 다시 한 번 어떤 자세로 예배에 참석해야 하는지 이야기해 봅시다.

5. 이런 사람들이 예배에 참석하면 그 예배는 더럽혀집니다. 하나님은 자신의 예배가 더럽혀지지 않도록 천국의 열쇠를 교회에 주셨습니다. 교회는 이 열쇠를 부지런히 사용해야 합니다. 그 열쇠가 어떤 것인지 다음 과부터 살펴보도록 합시다.

정리

1 예배는 ( )가 아니라서 ( )로 하나님의 ( )를 만족시키는 것이 아닌, 하나님의 ( )에 ( )하는 예식입니다.

2.( )하는 사람, 자기 ( )를 회개하지 않는 사람들이 ( )에 참여하고 ( ) 드리는 것을 하나님께서는 싫어하십니다.

실천

1. 바른 자세로 예배에 참석하고 있는지 생각해 봅시다.

2. 바른 예배를 드리기 위해 우리가 해야 할 일은 무엇인지 서로 이야기해 보고 실천합시다.

천국의 열쇠에 관하여

요리문답

성찬에 헛되게 참여하는 사람들, 그리스도의 몸을 헛되게 만드는 자들을 바르게 교육하기 위해 하나님은 복음의 강설과 권징이라는 두 가지 도구를 사용하십니다. 이 두 가지를 믿고 순복하는 자들에게 천국의 문이 열리고 이 두 가지를 거부하는 자들에게는 천국의 문이 닫힙니다.

제 83 문   천국의 열쇠는 무엇입니까?

답 . .   거룩한 복음의 강설과 교회의 권징인데, 이 두 가지를 통하여 믿는 자에게는 천국이 열리고 믿지 않는 자에게는 닫힙니다.

제 84 문   거룩한 복음의 강설을 통하여 어떻게 천국이 열리고 닫힙니까?

답 . .   그리스도의 명령에 따라, 하나님께서 그리스도의 공로 때문에 사람들이 참된 믿음으로 복음의 약속을 받아들일 때마다 참으로 그들의 모든 죄를 사하신다는 사실이 신자들 전체나 개개인에게 선포되고 공적으로 증언될 때, 천국이 열립니다. 반대로 그들이 돌이키지 않는 한 하나님의 진노와 영원한 정죄가 그들 위에 머문다는 사실이 모든 믿지 않는 자와 외식하는 자에게 선포되고 공적으로 증언될 때, 천국이 닫힙니다. 이러한 복음의 증언에 따라서 하나님께서는 이 세상에서와 장차 올 세상에서 심판하실 것입니다.

제 85 문   교회의 권징을 통해서 어떻게 천국이 닫히고 열립니까?

답 . .   그리스도의 명령에 따라, 그리스도인의 이름을 가진 자가 교리나 생활에
서 그리스도인답지 않을 경우, 먼저 형제로서 거듭 권고할 것입니다. 그렇
지만 자신의 오류나 악행에서 돌이키기를 거부한다면, 그 사실을 교회, 곧
치리회에 보고해야 합니다. 그들이 교회의 권고를 듣고도 돌이키지 않으
면, 성례에 참여함을 금하여 성도의 사귐 밖에 두어야 하며, 하나님께서도
친히 그들을 그리스도의 나라에서 제외시킬 것입니다. 그러나 그들이 참
으로 돌이키기를 약속하고 증명한다면, 그들을 그리스도의 지체와 교회의
회원으로 다시 받아들입니다.

성경으로의 접근

복음의 강설

하나님은 복음의 강설을 통해 천국의 문을 여십니다. 설교를 통해 복음이 전파되게
하시고 그 복음을 듣고 믿음으로 이를 받는 자들에게 천국의 문이 열립니다. 우리가
예배에 집중하고 특히 설교에 집중해야 하는 이유가 이 때문입니다. 선포되는 설교에
무관심하고 이를 듣기 싫어한다면 이미 그들에게는 천국의 문이 닫힌 것입니다.

1. 천국의 열쇠는 우리 주님께서 교회에 주신 것입니다. 천주교에서는 베드
   로라는 사람이 이 천국의 열쇠를 받았기에 그의 후손인 교황만이 천국의
   문을 열고 닫을 특권을 가지고 있다고 가르칩니다. 그러나 우리는 그것이
   사실이 아님을 압니다. 마태복음 16:18, 19을 읽고 교회가 어디에 세워졌
   으며 천국의 열쇠가 어디 주어졌는지 알아 봅시다.

2. 하나님의 보내신 이는 하나님의 말씀을 안다고 합니다. 그 말씀을 들을
   때에 거기에 순종하게 되고 믿음이 생겨나게 됩니다. 하나님의 선택에서

제외된 자들에게는 다른 일이 일어납니다. 요한복음 3:34~36을 읽고 그 것이 어떤 일인지 확인해 봅시다.

3. 요한복음 20:21~23은 예수님이 교회인 제자들의 무리를 보시며 하시는 말씀이 등장합니다. 이 구절을 읽고 말씀과 성령, 천국의 열쇠에 대해서 알아 봅시다.

교회의 권징

주님께서는 교회에 권징의 권한을 주셨습니다. 믿음에서 넘어진 자들에게 선한 일을 권면하고 악한 일은 징계할 권한이 교회에 있습니다. 이 권징은 악한 자를 미워하여 그들을 징벌하기 위해 시행되어서는 안 되고, 그들을 사랑하여 그들이 죄를 회개하고 그리스도께로 돌이키게 하기 위해서 시행되어야 합니다.

1. 권징에 대해서는 예수님께서 그 분명한 절차를 우리에게 알려 주셨습니 다. 마태복음 18:15~18을 찾아서 읽고 어떤 절차를 통해서 이를 시행해 야 하는지 알아 봅시다.

2. 바울은 교회에서 특히 권징해야 하는 이유들을 우리에게 알려줍니다. 고 린도전서 5:11을 읽고 그것이 어떤 일들인지 확인해 봅시다. 그리고 우리 는 그러한 죄목에서 벗어나 있는지 생각해 봅시다.

3. 성경의 가르침에서 벗어난 형제라 하더라도 우리는 그들에게 악한 태도 를 취해서는 안됩니다. 어떤 태도를 취해야 할지 데살로니가후서 3:15을 읽고 생각해 봅시다.

4. 권징은 죄를 짓지 않은 다른 이들에게도 효력을 발생합니다. 어떤 효력인지 디모데전서 5:20을 읽고 확인해 봅시다.

정리

1. 예수님은 베드로의 (　　　)위에 교회를 세우시고 이 교회에 천국의 문을 여는 (　)를 주셨습니다.

2. (　　)를 통해 복음이 선포될 때, (　　)을 통해 악한 일에 경계받을 때 천국의 문이 열리고 닫힙니다.

실천

1. 설교 시간에 어떤 태도를 취하고 있는지 돌아보고 바른 몸과 마음으로 설교를 들읍시다.

2. 교회에서 약한 지체들에 대해서 어떤 자세를 가지고 있는지 확인하고 그들을 사랑으로 돌아 봅시다.

우리의 감사에 관하여

하나님은 우리를 창조하시고 죽어야 하는 우리에게 생명을 주셔서 우리를 구원해
주셨습니다. 하나님의 은혜 앞에 우리가 할 수 있는 것은 오직 감사입니다. 그리고
그 감사는 행위를 통해 드러나게 되어 있습니다. 우리의 행위는 구원을 받기 위함이
나 구원받은 무리 속에 남아있기 위함이 아니라 하나님의 은혜에 대해서 우리의 인
생을 바쳐 해야 하는 감사일 뿐입니다.

제 86 문 우리는 조금의 공로 없이 그리스도로 말미암은 은혜로 죄와 비참함으로부
터 구원을 받았는데, 우리는 왜 또한 선행을 해야 합니까?

답 ． ． 그리스도께서 그의 보혈로 우리를 구속하셨을 뿐 아니라 그의 성신으로
우리를 새롭게 하여 그의 형상을 닮게 하시기 때문입니다. 이것은 우리가
모든 삶으로써 하나님의 은덕에 감사하고 하나님께서 우리를 통해 찬양받
으시기 위함이며, 또한 우리 각 사람이 그 열매로서 자신의 믿음에 확신을
얻고, 경건한 삶으로 다른 사람을 그리스도께 인도하기 위함입니다.

제 87 문 감사치도 않고 회개하지 않는 삶을 계속 살면서 하나님께로 돌이키지 않
는 사람들도 구원을 얻을 수 있습니까?

답 ． ． 결코 구원을 받을 수 없습니다. 성경은 음란한 자, 우상 숭배자, 간음하는
자, 도둑질하는 자, 탐욕을 부리는 자, 술 취하는 자, 욕하는 자, 강도질하는

자나 그와 같은 죄인들은 하나님 나라를 유업으로 받지 못한다고 말씀하십니다.

제 88 문　　**사람의 진정한 회개는 무엇입니까?**

답　.　.　옛사람이 죽고 새 사람으로 사는 것입니다.

제 89 문　　**옛사람이 죽는다는 것은 무엇입니까?**

답　.　.　하나님을 진노케 한 우리의 죄를 마음으로 슬퍼하고 더욱더 미워하고 피하는 것입니다.

제 90 문　　**새 사람으로 다시 사는 것은 무엇입니까?**

답　.　.　그리스도로 말미암아 하나님 안에서 마음으로 즐거워하고 하나님의 뜻에 따라 모든 선을 행하며 사는 것을 사랑하고 기뻐하는 것입니다.

제 91 문　　**그런데 선행이란 무엇입니까?**

답　.　.　참된 믿음으로 하나님의 율법과 그의 영광을 위하여 행한 것만을 선행이라 하며, 우리 자신의 생각이나 사람의 계명에 근거한 것은 선행이 아닙니다.

성경으로의 접근

선 행 의　이 유

우리는 행위로 구원받지 않습니다. 자신의 행위로 구원받을 수 있을 만큼 선한 행위를 할 수 있는 사람은 아무도 없습니다. 강조하지만, 단 한 사람도 없습니다. 우리는 오직 하나님의 은혜로만 구원을 받습니다. 또한 우리는 행위로 구원을 유지시키거나 폐할 수도 없습니다. 우리의 행위는 하나님이 베푸신 구원에 저항하거나 그것을 완전히 폐기할 수 있을 만큼 능력 있는 것이 아닙니다. 하나님은 창조주시고 우리는 피조물에 불과하기 때문입니다. 우리가 선행을 하는 이유는 오직 그것이 하나님의 은혜에 대한 감사이기 때문입니다.

1. 우리는 구원받았지만 여전히 죄 가운데 거하는 것을 압니다. 어떤 사람들은 우리가 선행으로 구원받은 것이 아니니 구원 받은 이후에도 선행을 행할 필요가 없다고 합니다. 그러나 성경은 우리가 선하게 행동해야 함을 가르치고 있습니다. 다음 구절들을 통해서 그 이유를 알아 봅시다.

   (1) 에베소서 2:10

   (2) 고린도후서 5:17

   (3) 로마서 6:1, 2

   (4) 마태복음 5:16

   (5) 마태복음 7:17, 18

2. 그렇다면 이런 감사가 없는 사람들은 어떤 사람들일까요? 고린도전서 6:9 전반부를 읽고 감사가 없는 사람들, 불의한 사람들은 어떤 사람들인지 생각해 봅시다.

3. 성경이 금하고 있는 불의는 무엇인지 고린도전서 6:9~10, 갈라디아서 5:19~21을 읽고 확인해 봅시다. 혹시 나의 인생이나 우리 교회 안에 이런 일들이 일어나고 있지는 않은지 점검해 봅시다.

진정한 회개와 참된 선행

회개는 단순히 지은 죄를 뉘우치는 것만으로 그치지 않습니다. 진정한 회개는 돌아섬이 있습니다. 지은 죄로부터 돌아서고 옛사람의 습관으로부터 돌아섭니다. 새 사람으로 다시 사는 것입니다. 그런 사람은 선행을 합니다. 그러나 그 선행도 사람의 생각과 규례를 따르는 것이 아닙니다. 어떤 것이 선한 행위인지는 성경이 우리에게 가르쳐 줍니다. 하나님께서는 오직 성경을 통해서만 우리에게 참된 선이 무엇인지를 알려 주십니다.

1. 참된 회개가 무엇인지 에베소서 4:22~24을 읽고 확인해 봅시다.

2. 우리의 회개는 먼저 어떠해야 하는지 요엘 2:13을 읽고 서로 이야기해 봅시다.

3. 새 사람으로 사는 것에 대해서 이야기하는 다음 구절들을 찾아서 읽어보고 어떤 것인지 서로 이야기해 봅시다.

(1) 시편 51:8

(2) 갈라디아서 2:20

4. 고린도전서 10:31을 읽고 우리가 무엇을 위해서 살아야 하는지 이야기해 봅시다.

5. 우리의 선행은 무엇에 근거해야 하는지 에스겔 20:19을 찾아서 읽고 이야기해 봅시다.

정 리

1. 우리의 회개는 (   )은 죽고 (   )으로 사는 것이어야 합니다.
2. 우리의 선행은 오직 (   )에 근거한 행위여야 합니다.

실 천

1. 옛사람을 죽이기 위해 각자 고쳐야 할 습관들에 대해서 이야기하고 고치도록 노력합시다.
2. 십계명을 읽고 외웁시다.

십계명과 첫 두 계명

27

하나님은 인간에게 자신의 뜻을 분명히 알리셨습니다. 그 모든 것을 요약한 것이 바로 십계명입니다. 우리는 그리스도를 따르는 성도로서 하나님의 명령인 십계명을 지켜야 할 의무를 지고 있습니다. 이것은 우리의 공로가 아닌 감사의 행위입니다. 그 첫 두 계명은 신은 오직 하나님 한 분이시고 그 하나님이라도 피조물의 형상을 그 상징으로 만들어 섬긴다면 우상숭배라는 경고입니다.

제 92 문 **하나님의 율법이 무엇입니까?**

답 . . 하나님께서는 다음과 같이 말씀하셨습니다. (출애굽기 20:2~17, 십계명 참조)

제 93 문 **십계명은 어떻게 나눕니까?**

답 . . 두 부분으로 나눕니다. 처음 부분은 하나님에 대한 우리의 태도를 가르치며, 둘째 부분은 이웃에 대한 우리의 의무를 가르칩니다.

제 94 문 **제1계명에서 하나님께서 요구하시는 것은 무엇입니까?**

답 . . 내 영혼의 구원과 복이 매우 귀한 것이기 때문에 나는 온갖 우상숭배, 마술과 점치는 일과 미신, 성인이나 다른 피조물에게 기도하는 것을 피하고 멀리해야 합니다. 더 나아가 유일하고 참 되신 하나님을 바르게 알고 그분만을 신뢰해야 하며, 모든 겸손과 인내로 그분에게만 복종하고, 모든 좋은 것들을 오직 그분에게서만 기대하며, 마음을 다하여 그분을 사랑하고 경외하며 그분만 섬겨야 합니다. 그러하므로 지극히 작은 일이라도 하나님의 뜻을 거슬러 행하기보다는 오히려 모든 피조물을 포기합니다.

제 95 문　　**우상숭배란 무엇입니까?**

답　.　.　우상숭배란 말씀으로 자신을 계시하신 유일하고 참 되신 하나님 대신, 혹은 하나님과 나란히, 다른 어떤 것을 신뢰하거나 고안하여 소유하는 것입니다.

제 96 문　　**제2계명에서 하나님께서 원하시는 것은 무엇입니까?**

답　.　.　어떤 형태로든 하나님을 형상으로 표현하지 않는 것이고, 하나님이 그의 말씀에서 명하지 아니한 다른 방식으로 예배하지 않는 것입니다.

제 97 문　　**그렇다면 어떤 형상도 만들면 안 됩니까?**

답　.　.　하나님은 어떤 형태로든 형상으로 표현될 수 없고 표현해서도 안 됩니다. 피조물은 형상으로 표현할 수 있으나, 그것에 경배하기 위해, 또는 하나님께 예배하는 데 사용하기 위해 형상을 만들거나 소유하는 일은 금하셨습니다.

제 98 문　　**그렇다면 교회에서는 '평신도를 위한 책'으로서 형상들을 허용해서도 안 됩니까?**

답　.　.　그렇습니다. 우리는 하나님보다 더 지혜로운 체해서는 안 됩니다. 하나님께서는 그의 백성들이 말 못하는 우상을 통해서가 아니라 그의 말씀에 대한 살아 있는 강설을 통해 가르침 받기를 원하십니다.

십계명의 서론

하나님께서는 자신의 율법을 수여하시기 전에 먼저 그것을 주시는 이유를 명백히 밝히셨습니다. 그것은 하나님이 우리의 창조주이시며 우리를 구원하신 분이시기 때문에 그분의 뜻을 우리가 지키는 것이 마땅하다는 것입니다.

> 1. 출애굽기 20:1, 2을 읽고 하나님이 자신을 어떻게 소개하고 계신지 세 가지를 찾아 봅시다.

> 2. 십계명의 첫 네 계명은 하나님에 대한 사랑을 요구하십니다. 마가복음 12:30을 읽고 어떻게 하나님을 사랑해야 하는지 확인하고 이를 위해서 우리가 무엇을 해야 하는지 이야기해 봅시다.

> 3. 십계명의 다음 여섯 계명은 이웃에 대한 사랑을 요구하십니다. 마가복음 12:31을 읽고 이웃을 어떻게 사랑하는 것인지, 이를 위해서 우리가 무엇을 해야 할지 서로 이야기해 봅시다.

유일신 하나님

하나님은 유일신이십니다. 그것은 여러 많은 신 가운데 우리 하나님이 가장 위대한 신이라는 의미가 아닙니다. 그것은 하나님 한 분 외에 다른 신은 없다는 선포입니다. 이 세상에 하나님과 같은 존재는 없습니다. 다른 신은 없습니다. 오직 하나님 한 분만이 참 되시며 유일하신 신이십니다.

> 1. 신명기 26:17을 읽고 하나님을 하나님으로 인정하는 것이 어떤 의미인지

이야기해 봅시다.

2. 시편 29:2과 마태복음 4:10을 읽고 하나님을 섬기기 위해 우리가 해야 하
   는 가장 첫 번째이고 중요한 일은 무엇인지 확인합시다. 그리고 우리는
   여기에 성공하고 있는지 서로 이야기해 봅시다.

3. 이사야 42:8에서 하나님은 자신의 영광에 대한 단호한 선포를 하고 계십
   니다. 찾아서 읽어보고 이런 선포를 받은 우리는 어떻게 해야할지 생각해
   봅시다.

4. 에스겔 8:12을 읽고 우리의 삶에 대해서 생각해 봅시다. 우리는 어떻게
   살아야 할까요.

우 상 을 섬 기 지 말 라

우상숭배라고 하면 우리는 불상이나 제삿상에 절하는 것을 떠올립니다. 그러나 십계
명은 우리가 섬기는 '하나님'을 피조물의 형상으로 새겨서 절하지 말라고 가르칩니
다. 다른 종교, 다른 신을 믿는 것만이 우상숭배가 아니라 하나님을 믿고 섬긴다고 하
면서 실은 하나님의 이름을 빙자해 우리가 원하는 것을 섬기는 것이야말로 우상숭배
입니다. 하나님은 이를 기뻐하지 않으십니다.

1. 출애굽기 32:4을 찾아 읽어보고 이들이 지금 섬기는 신이 누구인지, 하나
   님이 왜 이들을 우상숭배자로 진노하시는지, 우리는 이들과 같은 죄악을
   범하고 있지는 않은지 이야기해 봅시다.

2. 마태복음 15:9을 찾아서 읽고 하나님을 섬길 때 우리는 어떤 자세로 섬겨

야 할지 알아 봅시다.

3. 에베소서 5:5에서는 무엇이 우상숭배라고 하는지 찾아 봅시다. 우리는
   우상을 섬기지 않고 참 하나님만 섬기는 사람들인지 이야기해 봅시다.

4. 우상을 섬기는 자들에게 내리는 저주와 하나님만 섬기는 자들에게 주시
   는 복에 대해서 출애굽기 20:5, 6을 통해 알아 봅시다.

정리

1. 하나님이 우리에게 주시는 율법은 (   )에 요약되어 있으며 그 반은 (   )에 대한
사랑을, 나머지 반은 (   )에 대한 사랑을 가르치고 있습니다.

2. 이 세상에 (   ) 한 분 외에 다른 신은 없습니다. 그리고 우리는 (   )을 섬기지 말
아야 합니다.

실천

1. 하나님 외에 우리가 섬기고 사랑하는 것이 무엇이 있는지 적어 보고 그것들보다
   하나님을 더욱 섬기고 사랑하기 위해서 무엇을 해야 할지 서로 이야기하고 실천
   합시다.

2. 혹시 우상을 섬기면서 예배한다고 하지는 않는지 생각해 보고 바른 예배를 하나님
   께 드립시다.

세 번째, 네 번째 계명

요리문답

하나님은 자신의 이름과 하신 일들에 대해서 우리가 함부로 이야기하는 것을 금하셨습니다. 우리는 하나님과 관계된 모든 것들을 존중해야 합니다. 또한 하나님은 자신을 섬기는 방법으로 안식일을 주셨습니다. 우리는 이날 모여서 하나님을 예배하며 하나님 알기에 힘써야 합니다.

제 99 문   제3계명에서 하나님께서 원하시는 것은 무엇입니까?

답   ..   우리가 저주나 거짓 맹세, 또는 불필요한 서약으로 하나님의 이름을 욕되게 하거나 잘못 사용하지 않는 것이며, 더 나아가 침묵하는 방관자가 되어 두려운 죄에 참여하지 않는 것입니다. 하나님의 거룩한 이름을 두려워하고 존경하는 마음으로만 사용하여, 우리가 하나님을 바르게 고백하고 부르며 모든 말과 행실에서 그분이 영광을 받도록 하는 것입니다.

제100문   맹세나 저주로 하나님의 이름을 욕되게 하는 것이 그러한 죄를 금하지 못한 사람들에게까지 진노하실 정도로 중대한 죄입니까?

답   ..   진실로 그렇습니다. 하나님의 이름을 욕되게 하는 것보다 더 크고 하나님을 진노케 하는 죄는 없습니다. 따라서 하나님께서는 이 죄를 사형으로 벌하라 명하셨습니다.

제101문   **그러나 하나님의 이름으로 경건하게 맹세할 수는 있습니까?**

답   ..   그렇습니다. 국가가 국민에게 요구하는 경우, 혹은 하나님의 영광과 이웃
의 복을 위하여 신뢰와 진리를 보존하고 증진시키는 데 꼭 필요한 경우에
는 맹세할 수 있습니다. 그러한 맹세는 하나님의 말씀에 근거한 것이며, 구
약과 신약의 성도들도 이것을 옳게 사용해 왔습니다.

제102문   **성인이나 다른 피조물로도 맹세할 수 있습니까?**

답   ..   아닙니다. 정당한 맹세는 오직 홀로 사람의 마음을 아시는 하나님을 불러,
진리에 대해 증인이 되어 주시며 내가 거짓으로 맹세할 때에 형벌하시기를
구하는 것입니다. 이러한 영예는 어떤 피조물에게도 돌아갈 수 없습니다.

제103문   **제4계명에서 하나님께서 원하시는 것은 무엇입니까?**

답   ..   첫째, 하나님께서는 말씀의 봉사와 그 봉사를 위한 교육이 유지되는 것,
특히 안식의 날인 주일에 내가 하나님의 교회에 참석하여, 하나님의 말씀
을 경청하고 성례에 참여하며 주님을 공적으로 부르고 가난한 자들에게
기독교적 자비를 행하기 원하십니다. 둘째, 나의 일생 동안 악한 일들을 그
만두고, 주께서 그의 성신으로 내 안에서 일하시게 하며, 그럼으로써 영원
한 안식이 이 세상에서부터 시작되기를 원하십니다.

성경으로의 접근

이름을 거룩하게

우리는 하나님의 이름과 하나님이 하신 일들을 헛되이 여기며 때로는 조롱하는 시대
에 살고 있습니다. 많은 사람들이 하나님은 없다 하며 하나님 믿는 자들을 조롱합니
다. 그러나 하나님은 이 시대에도 경건히 하나님을 인정하며 참 되게 그분께 예배하
는 자들을 찾으십니다.

1. '나의 이름'이라는 표현은 하나님의 이름만을 의미하는 것이 아니라 하나님이 자신을 계시하신 방법을 의미하는 표현입니다. 어떻게 하는 것이 이름을 망령되이 부르지 않고 올바로 사용하는 것일까요?

   (1) 신명기 10:20

   (2) 역대상 29:13

   (3) 전도서 5:1

   (4) 욥기 36:24

2. 그렇다면 반대로 하나님의 이름을 헛되이 부르는 것은 어떤 것인지 다음 구절들을 통해서 알아 봅시다.

   (1) 말라기 1:6

   (2) 시편 139:20

   (3) 마태복음 5:34

   (4) 베드로후서 3:16

안식일을 거룩하게

육 일간 세상을 창조하신 하나님은 칠 일째 되는 날 쉬시면서 이날을 복 주시고 하나님의 날로 삼으셨습니다. 우리는 주께서 부활하신 일주일의 첫 날을 주의 날, 주일이라 부르며 이날 모여서 예배합니다. 일주일의 모든 날이 다 하나님의 날이지만 이날만은 특별히 하던 일을 멈추고 예배하고 성경을 읽으며 경건의 훈련을 받아야 합니다.

1. 구약의 안식일이 아닌 일주일의 첫날인 주일을 지키는 성경적 근거를 다음 구절들을 통해 알아 봅시다.

   (1) 마가복음 2:27, 28

   (2) 누가복음 24:1~3

   (3) 요한복음 20:19

(4) 사도행전 20:7

2. 다음 구절들을 통해 그렇다면 주일을 거룩하게 지키기 위해서 우리가 하
지 말아야 할 것들에 대해서 알아 봅시다.

(1) 느헤미야 13:15~18

(2) 이사야 58:13, 14

(3) 출애굽기 20:10

3. 거꾸로 안식일에 우리가 해야 할 일이 무엇인지 알아 봅시다.

(1) 시편 150:6

(2) 이사야 66:23

(3) 마태복음 12:1~5

(4) 마태복음 12:10~13

4. 그렇다면 주일을 제외한 나머지 육 일은 어떻게 보내야 할까요? 레위기
23:3을 읽고 깊이 생각해 봅시다.

정 리

1. 우리는 하나님의 (   )을 함부로 부르면 안됩니다.
2. 주일은 힘써 (   )하며 하나님의 (   )을 배우고 나머지 육 일은 역시 (   )의 날로
서 열심히 (   )해야 합니다.

실 천

1. 혹시 하나님의 이름을 함부로 부르거나 하나님이 하신 일에 대해서 조롱한 적은 없
습니까? 있다면 회개하고 다시는 그런 죄를 저지르지 맙시다.
2. 거룩한 주일을 위해 하지 말아야 할 것들을 이야기해보고 실천합시다.

다섯 번째, 여섯 번째 계명

29

제5계명에서 제10계명까지는 이웃과의 관계에 관한 명령입니다. 십계명이 다른 종교의 율법이나 국가의 법과 다른 가장 큰 차이점은 다른 율법이나 국가의 법은 행위만을 규정하는 반면에 하나님의 계명은 마음과 생각의 상태까지도 규정한다는 것입니다. 우리는 부모님을 공경하고 이웃을 사랑하며 행동과 마음과 생각으로 살인을 금해야 합니다.

제104문   **제5계명에서 하나님께서 원하시는 것은 무엇입니까?**

답 . .   나의 부모님, 그리고 내 위에 있는 모든 권위에 모든 공경과 사랑과 신실함을 나타내고, 그들의 모든 좋은 가르침과 징계에 대해 합당한 순종을 하며, 또한 그들의 약점과 부족에 대해서는 인내해야 합니다. 왜냐하면 그들의 손을 통해 우리를 다스리시는 것이 하나님의 뜻이기 때문입니다.

제105문   **제6계명에서 하나님께서 원하시는 것은 무엇입니까?**

답 . .   내가 이웃의 명예를 훼손하거나 그들을 미워하거나 해치거나 죽이지 않기를 원하십니다. 생각이나 말이나 몸짓, 무엇보다도 행동으로 그리해서는 안 되고, 다른 사람을 시켜서 해도 안 되며, 오히려 모든 복수심을 버려야 합니다. 더 나아가 자기 자신을 해쳐서도 안 되고 부주의하게 위험에 빠뜨려서도 안 됩니다. 그러므로 살인을 막기 위해서 국가는 칼과 무기를 갖추고 있는 것입니다.

제106 문   그런데 이 계명은 살인에 대해서만 이야기합니까?

답 . .   아닙니다. 하나님께서는 살인을 금함으로써 살인의 뿌리가 되는 시기, 증
오, 분노, 복수심 등을 미워하시며, 이 모든 것들을 살인으로 여기신다고
가르칩니다.

제107 문   **앞에서 말한 방식으로 우리 이웃을 죽이지 않으면 그것으로 이 계명을 다
지킨 것입니까?**

답 . .   아닙니다. 하나님께서는 시기와 증오와 분노를 정죄하심으로써 우리가
우리 이웃을 자기 자신처럼 사랑하여, 인내와 화평과 온유와 자비와 친절
을 보이고, 우리가 할 수 있는 한 그들을 해악으로부터 보호하며, 심지어
원수에게도 선을 행하라고 하셨습니다.

성경으로의 접근

부모를 공경하라

이웃 사랑의 시작은 부모를 공경하라는 명령으로 시작합니다. 이 명령은 단순히 부모
님에 대한 공경만을 의미하지 않고 타인과의 관계에 있어서 그리스도인이 어떤 태도
를 취해야 할지를 이야기해 주고 있습니다. 하나님이 그들을 통해 우리를 다스리시기
에 부모님에 대해서는 순종하며 그들의 허물을 인내해야 한다고 합니다. 웨스트민스
터 소요리문답에서는 부모님만 아니라 우리의 윗사람, 아랫사람, 동료들을 존경하라
고 가르칩니다.

1. 성경에서는 우리에게 '부모를 공경하라'고 가르칩니다. 다음 구절들을 읽
고 부모님에 대해서 우리가 어떤 태도를 취해야 할지 이야기해 봅시다.

(1) 레위기 19:3

(2) 잠언 4:1

2. 성경은 부모에 대한 자녀의 의무만을 이야기하지 않고 자녀에 대해서 부
  모가 지는 의무에 대해서도 가르치고 있습니다. 어떤 것들인지 다음 구절
  들을 통해서 알아 봅시다.

  (1) 에베소서 6:4

  (2) 욥기 1:5

  (3) 고린도후서 12:14

3. 또한 타인과의 관계에 대한 다음 구절들을 찾아서 읽어보고 우리는 타인
  을 어떻게 대해야 할지 서로 이야기해 봅시다.

  (1) 디모데전서 6:1

  (2) 베드로전서 2:18

  (3) 골로새서 4:1

  (4) 신명기 24:14, 15

  (5) 로마서 12:15

  (6) 고린도전서 10:24

4. 유아 사망률이 높고 평균 사망 연령이 낮았던 고대인들에게 '장수'는 하
  나님이 주시는 가장 큰 복으로 여겨졌습니다. 에베소서 6:2, 3을 찾아서
  읽고 복을 주신다고 약속하신 하나님의 뜻은 무엇인지, 이를 받기 위해서
  내가 실천해야 할 일은 어떤 것인지 서로 이야기해 봅시다.

살 인 하 지 말 라

예수님은 우리의 의가 서기관과 바리새인들보다 나아야 천국에 들어갈 수 있다고 가르치셨습니다. 바리새인들은 사람을 찔러 죽이지만 않으면 이 여섯 번째 계명을 지키는 것이라 가르쳤지만 우리는 그보다 더욱 높은 윤리적 기준을 가지고 있습니다. 우리는 이웃을 사랑하되 우리에게 착하게 대하는 이웃만이 아니라 원수에게까지 그리스도의 사랑을 베풀어야 합니다.

1. 하나님께서는 십계명의 여섯 번째 계명을 통해 살인하지 말라고 명령하셨습니다. 살인이 무엇인지 다음 구절들을 통해 확인해 봅시다.
    (1) 마태복음 5:21, 22
    (2) 열왕기상 18:4
    (3) 시편 82:3
    (4) 에베소서 5:29

2. 사도행전 16:28과 잠언 24:11, 12을 읽고 타인의 생명에 대해서 우리가 어떤 태도를 취해야 할지 서로 이야기해 봅시다.

정리

1. 우리는 (　)을 공경하고 다른 사람들을 (　)해야 합니다.
2. 타인의 육체를 해치는 것만이 (　)이 아니라 남을 (　)하는 것과 그들이 자신의 (　)을 해하려 할 때 방치하는 것도 살인하는 것입니다.

실천

1. 부모님을 공경하기 위해서 구체적으로 실천할 일들을 이야기해 보고 실천합시다.
2. 우리 주변에 고통당하는 이웃들을 위해서 우리가 할 수 있는 일을 생각해 보고 실천합시다.

일곱 번째, 여덟 번째 계명

30

일곱 번째 계명은 마음과 몸과 생각을 순결하게 지키라는 것이며 여덟 번째 계명은 나와 이웃의 재산을 합법적으로 생산하고 지키라는 명령입니다. 우리는 우리의 몸과 마음을 음란한 생각과 문화로부터 지켜야 합니다. 또한 내가 가진 소유로 만족할 줄 알아야 합니다.

제108문   **제7계명에서 하나님께서 원하시는 것은 무엇입니까?**

답 . .   모든 부정은 하나님의 저주 아래 있습니다. 따라서 거룩한 혼인의 관계에 있든지 독신으로 있든지, 우리는 어떤 부정이라도 마음으로부터 미워하고, 순결하고 단정한 생활을 해야 합니다.

제109문   **하나님께서는 이 계명에서 간음과 같은 부끄러운 죄만을 금하십니까?**

답 . .   우리의 몸과 영혼이 모두 성령의 전이기 때문에 우리가 몸과 영혼을 순결하고 거룩하게 지키기를 원하십니다. 그렇기에 하나님께서는 모든 부정한 행동이나 몸짓, 말이나 생각이나 욕망, 또한 그리로 유혹하는 모든 것을 금하십니다.

제110문   **제8계명에서 하나님께서 금하신 것은 무엇입니까?**

답 . .   하나님께서는 국가가 법으로 처벌하는 도둑질과 강도질만을 금하신 것이 아니고, 이웃의 소유를 자기의 것으로 삼으려고 시도하는 모든 속임수와

간계를 도둑질이라고 말씀하십니다. 이런 것들은 폭력으로 혹은 합법성을 가장하고서 일어날 수 있는데 곧 거짓 저울이나 자와 되를 속이는 일, 부정품, 위조 화폐와 고리대금과 같은 일, 기타 하나님께서 금하신 일들입니다. 하나님께서는 또한 모든 탐욕을 금하시고, 그의 선물들이 조금이라도 잘못 사용되거나 낭비되는 것을 금하십니다.

제111문 **이 계명에서 하나님은 당신에게 무엇을 요구하십니까?**

답 내 이웃의 유익을 위하여 최선을 다하고 다른 사람들이 내게 해주기를 바라는 대로 남들을 대하며 가난한 사람들을 도울 수 있도록 열심히 일하는 것입니다.

성경으로의 접근

몸과 마음을 순결하게

하나님의 계명은 몸뿐만 아니라 그 마음과 생각으로도 계명을 지켜야 합니다. 일곱 번째 계명인 간음하지 말라는 계명은 더욱 그렇습니다. 우리 몸의 순결만을 지키는 것으로 만족해서는 안 되고 마음과 생각도 순결하게 유지해야 합니다. 음란물에 쉽게 접할 수 있는 이런 때에 우리 마음과 몸을 순결히 지키는 것은 매우 중요한 일입니다.

1. 마태복음 5:28과 데살로니가전서 4:3을 읽고 하나님이 원하시는 참된 순결이 무엇인지 서로 이야기해 봅시다.

2. 다음 구절들을 통해서 순결하게 지켜야 할 것이 무엇인지 확인해 봅시다.
   (1) 에베소서 4:29, 골로새서 4:6
   (2) 베드로전서 3:2
   (3) 갈라디아서 5:24

3. 우리의 생각과 육체를 지키기 위해서 피해야 할 것들이 무엇이 있는지 다음 구절들을 통해서 알아 봅시다.

(1) 욥기 31:1

(2) 잠언 5:8

(3) 창세기 19:33

(4) 잠언 7:10, 13

4. 마지막으로 다음 구절들을 통해서 음란과 간음을 금해야 하는 이유를 생각해 봅시다.

(1) 사무엘하 11:4, 27

(2) 고린도전서 6:18

(3) 호세아 4:11

(4) 잠언 7:26

도둑질하지 말라

여덟 번째 계명은 부와 재산을 어떻게 대해야 할지를 명령합니다. 성경은 법으로 금지된 도둑질만을 금하는 것이 아니라 남의 소유를 자기의 것으로 삼으려는 모든 속임수와 시도를 도둑질이라고 합니다. 이 가르침의 핵심은 부와 재산을 '늘려야' 한다는 데에 있지 않고 그것이 '합법적'이어야 한다는 것입니다. 이는 직업과 물질에 대한 청지기적 자세를 요구합니다. 우리의 직업은 하나님이 주신 소명으로서 합법적인 일을 합법적으로 해야 하며 이를 통해 얻은 재산은 하나님의 방법으로 합법적으로 사용해야 합니다.

1. 다음 구절들을 통해서 재산에 대해서 성경이 무엇이라 가르치는지 확인해 봅시다.

(1) 고린도전서 7:20, 24

(2) 잠언 21:20

(3) 잠언 10:4

(4) 잠언 11:24, 25

2. 재산과 부에 있어서 다른 사람과의 관계를 어떻게 맺어야 할지 다음 구절

들을 통해서 알아 봅시다.

(1) 시편 15:2

(2) 고린도전서 4:2

(3) 잠언 3:27, 28

3. 다음 구절들을 읽어 보고 재산에 대해서 우리가 하지 말라고 가르치는 것

이 무엇인지 알아 봅시다.

(1) 잠언 23:21

(2) 잠언 22:26, 27

(3) 히브리서 13:5

(4) 전도서 6:1, 2

정리

1. 우리는 우리의 (   )과 (   )과 (   )을 순결하게 지켜야 합니다.

2. 재산을 (   ) 것과 (   )하는 것을 합법적인 방법을 사용해서 해야 합니다.

실천

1. 우리의 몸과 마음을 순결하게 지키기 위해서 하지 말아야 할 일은 어떤 것이 있을

지 서로 이야기해 봅시다.

2. 합법적으로 재산을 모으기 위해서 고쳐야 할 버릇이 무엇이 있는지 생각해 보고 고

치도록 노력해 봅시다.

아홉 번째, 열 번째 계명

31

아홉 번째 계명은 이웃에 대해서 거짓 증거 하지 말고 모함해서는 안 된다는 것입니다. 우리는 이웃의 명예를 지켜야 합니다. 마지막 열 번째 계명은 하나님이 자신에게 주신 소유에 만족해야 한다는 명령입니다.

제112문 **제9계명에서 하나님께서 원하시는 것은 무엇입니까?**

답 . . 내가 어느 누구에게도 거짓 증언을 하지 않고, 다른 사람의 말을 왜곡하지 않고, 뒤에서 헐뜯거나 중상하지 않으며, 어떤 사람의 말을 들어 보지 않고 성급히 정죄하지 않으며, 다른 사람이 성급히 정죄하는 데에도 참여하지 않기를 원하십니다. 오히려 하나님의 무서운 진노를 당하지 않기 위해 본질적으로 마귀의 일인 모든 거짓과 속이는 일을 피해야 합니다. 법정에서나 기타 다른 경우에도 나는 진리를 사랑하고 정직하게 진실을 말하고 고백해야 하며, 할 수 있는 대로 이웃의 명예와 평판을 보호하고 높여야 합니다.

제113문 **제10계명에서 하나님께서 원하시는 것은 무엇입니까?**

답 . . 하나님의 계명에 어긋나는 지극히 작은 욕망이나 생각을 조금도 마음에 품지 않는 것이고, 언제든지 우리 마음을 다하여 모든 죄를 미워하고 모든 의를 좋아하는 것입니다.

거 짓 증 거 하 지 말 라

어쩌면 모든 인간은 다른 사람의 뒷얘기 하기를 좋아할지도 모릅니다. 아홉 번째 계명은 어쩌면 우리가 지키기 가장 어려운 계명일지도 모릅니다. 하나님을 모욕하고 부모님께 불효하는 것, 살인이나 간음이나 도둑질은 그런 일을 하는 것이 오히려 어려운 일일 수 있습니다. 우리는 시시때때로 거짓말을 합니다. 나의 이익과 욕구를 위해서도, 또는 선의의 거짓말을 하기도 합니다. 그러나 성경은 우리에게 거짓말을 하지 말라고 단호히 명령합니다.

1. 시편 15:1, 2을 읽어 봅시다. 하나님의 나라에 거하는 사람의 특징이 무엇이라고 가르치고 있습니까? 그 말씀에 비추어서 나의 상태는 어떤지 서로 이야기해 봅시다.

2. 다음 구절들을 통해 이웃에 대해서 거짓증거하지 않기 위해서 우리가 실천해야 할 일이 무엇인지 알아 봅시다.

   (1) 요한삼서 3

   (2) 데살로니가전서 5:13

   (3) 사무엘상 22:14

   (4) 마태복음 18:15, 16

3. 요즘 학교에서는 왕따문제가 더 이상 미룰 수 없는 심각한 문제로 대두되었습니다. 레위기 19:16을 읽어 보고 왕따 문제에 대해서 우리가 어떻게 행동해야 할지 생각해 봅시다.

4. 우리에게는 다른 사람의 명예를 지켜야 하는 의무가 있습니다. 오늘날 우리는 재판석의 증인 자리가 아니라 책상 앞에 앉아 인터넷을 통해 다른 사람들에 대해서 거짓 증언하는 경우가 많습니다. 혹시 악성 댓글을 달고 있지는 않는지, 그런 상황에서 우리가 어떻게 해야 할지 서로 이야기해 봅시다.

이웃의 소유를 탐내지 말라.

십계명의 마지막 열 번째 명령은 소유에 대한 명령입니다. 그것을 한마디로 말하자면 '만족'이라는 것입니다. 그것은 단순히 다른 사람의 것을 훔치지 않고 욕심 부리지 않는 소극적인 자세만을 의미하지 않습니다. 그것은 적극적으로 자신의 환경과 소유에 대해서 만족하라는 것입니다. 이것은 게으르고 나태하면서 그냥 '내가 원래 이래' 하며 만족하라는 말이 아닙니다. 만족은 최선을 다해서 하나님의 일을 행하고, 하나님이 주시는 결과물이 충분함을 인정하는 것입니다.

1. 이 땅에서 하나님이 주시는 소유에 대해서 우리는 어떠한 자세를 취해야 하는지 다음 성경의 구절들을 통해 알아 봅시다.

   (1) 누가복음 12:15

   (2) 시편 16:5, 6

   (3) 고린도후서 9:7, 8

2. 성경은 우리가 만족할 수 있는 이유를 알려 줍니다. 시편 73:28을 찾아서 읽고 우리의 복이 무엇이며 그것이 진정한 복이 될 수 있는 이유를 생각해 봅시다.

3. 자기의 소유에 만족하지 못하는 이유는 다른 사람을 시기하기 때문입니다. 성경이 말하는 시기심을 품지 말아야 하는 이유를 다음 구절들을 통

해서 알아 봅시다.

(1) 마태복음 20:15

(2) 야고보서 3:16

(3) 베드로전서 2:1, 2

정리

1. 자신과 이웃의 (   )를 지키기 위해서 (   )을 하지 말고 (   )해야 합니다.

2. 자신의 소유와 처지에 (   )하며, 이웃의 소유에 (   )을 품지 말아야 합니다.

실천

1. 습관적으로 하는 거짓말이 있습니까? 거짓말을 멈추기로 결단하고 실천해 봅시다.

2. 오늘 내 상황에서 만족하지 못한 것들이 무엇이 있는지 살펴 보고 리스트를 작성해 봅시다

계명을 지킬 수 있는가

32

구원 받은 자들에게 십계명과 하나님의 율법은 삶의 기준이며 따라야 할 규범입니다. 그런데 성도들은 그 율법을 완전히 지킬 수 있습니까? 성경은 결코 그럴 수 없다고 말합니다. 사람을 죽이지 않고 간음하지 않고 우상을 섬기지 않는 것들을 행위로는 할 수 있을지 몰라도 우리의 마음과 생각까지 순결하게 지키는 것은 정말 어려운 일입니다. 하나님은 그런 우리의 연약함을 잘 알고 계십니다.

제114문   그런데 하나님께 돌아온 사람이 이 계명들을 완전히 지킬 수 있습니까?

답 . .   아닙니다. 가장 거룩한 사람이라도 이 세상에 살 동안에는 이러한 순종을 겨우 시작했을 뿐입니다. 그러나 그들은 굳은 결심으로 하나님의 일부 계명만이 아니라 모든 계명에 따라 살기 시작합니다.

제115문   이 세상에서는 아무도 십계명을 완전히 지킬 수 없는데 하나님께서는 왜 그렇게 엄격히 십계명을 설교하게 하십니까?

답 . .   첫째, 평생 동안 우리의 죄악된 본성을 더욱더 알게 되고, 그리하여 그리스도 안에서 사죄와 의로움을 더욱더 간절히 추구하도록 하기 위함입니다. 둘째, 이 세상의 삶을 마치고 목적지인 완전에 이를 때까지, 하나님의 형상으로 더욱더 변화되기를 끊임없이 노력하고 하나님께 성신의 은혜를 구하기 위함입니다.

계명을 지킬 수 있습니까?

인간은 연약한 존재입니다. 그것은 구원받은 성도라 하더라도 마찬가지입니다. 하나님은 우리를 의롭다 칭해 주시며 예수님은 자신의 의를 우리에게 전가시켜 주시고 성령님은 우리가 성화되도록 도와 주시지만 우리는 여전히 육체를 입고 이 땅 가운데 살고 있으며 천국에 가기 전까지 계속해서 죄와 싸울 수밖에 없고 때로는 이기고 때로는 질 수밖에 없는 존재입니다. 우리는 여전히 계명을 지킬 수 없습니다.

1. 바울 사도는 그 누구보다도 성도들의 연약함에 대해서 깊이 알고 이야기하고 있습니다. 로마서 7:21~25을 읽어 보고 우리는 어떤지 생각해 봅시다.

2. 갈라디아서 5:17을 읽어 봅시다. 성령님이 내주하시는 자는 육체의 욕심이 없어질까요?

3. 히브리서 4:15을 읽어 보면 모든 율법을 완전히 지킨 한 분에 대한 이야기가 나옵니다. 읽고 누구인지 확인해 봅시다.

4. 성경에 등장하는 많은 인물들은 하나님의 은혜로 완전히 행한 것처럼 느껴질 때가 있습니다. 다음 구절들을 찾아서 읽어 보고 내용을 정리해 봅시다. 그리고 '완전한 행위'를 한 사람이 있는지 서로 이야기해 봅시다.

    (1) 창세기 20:2, 26:7

    (2) 창세기 27:24

    (3) 시편 106:33

    (4) 사도행전 15:37~39

십계명을 주신 이유

그 누구도 죄에서 자유로울 수 있는 사람은 없습니다. 그렇다면 하나님이 우리에게 율법을 주시고 지킬 것을 요구하시는 이유는 뭘까요? 하이델베르크 요리문답에서는 그 이유로 우리의 죄를 더욱 절실히 알고 하나님의 의로움을 더욱 간절히 추구하게 하기 위해서라고 합니다. 또한 우리의 목적지인 완전한 삶을 향해서 더욱더 정진하고 성령님의 도우심을 구하게 하기 위해서라고 합니다.

1. 요한일서 2:3을 읽어 봅시다. 하나님이 우리에게 믿음을 주셨다는 증거는 무엇을 보면 알 수 있을까요?

2. 요한일서 1:9을 읽어보고 우리가 날마다 해야 할 것이 무엇인지 확인하고 실천해 봅시다.

3. 의로운 삶을 향한 우리의 태도는 어떠해야 하는지 마태복음 5:6을 읽고 예수님의 가르침을 알아 봅시다.

4. 빌립보서 3:12~14을 읽어 보고 의로운 삶을 향한 바울의 가르침은 어떤지 알아 보고 우리의 삶을 어떻게 해야 할지 생각해 봅시다.

정리

1. 성도들은 하나님의 (   )을 실천해야 하는 (   )를 가지고 있습니다.

2. (   )을 추구하며 완전한 삶을 향해 끊임 없이 (   )하고 (   )의 도우심을 구해야 합니다.

1. 구원 받았음에도 아직 해결하지 못하는 습관적인 죄가 어떤 것인지 서로 이야기해 봅시다. 그런 습관을 고치기 위해서 어떻게 해야 할지 서로 이야기해 봅시다.

2. 십계명 전체의 내용을 다시 정리해 보고 우리가 실천해야 할 구체적인 사항들을 한 두 가지 정해서 실천해 봅시다.

왜 기도가 필요할까

33

성도는 하나님의 율법을 지켜야 할 의무가 있습니다. 그러나 인간의 힘으로 율법을 온전히 지키는 것은 불가능합니다. 그렇기에 우리는 기도로 성령님의 도우심을 구해야 합니다. 그리고 그 이전에 기도는 피조물인 우리의 연약함을 하나님께 의탁하고 하나님이 우리의 창조주시며 왕이시며 구원자이심을 고백하는 것입니다. 그 자체로 하나님께 드리는 감사의 행위입니다.

제116문　　**그리스도인에게 왜 기도가 필요합니까?**

답　.　.　기도는 하나님께서 우리에게 요구하시는 감사의 가장 중요한 부분입니다. 또한 하나님께서는 오직 탄식하는 마음으로 쉬지 않고 구하고 그것에 대해 감사하는 사람에게만 그의 은혜와 성신을 주시기 때문입니다.

제117문　　**하나님께서 기뻐하시고 들으시는 기도는 어떠한 것입니까?**

답　.　.　첫째, 그의 말씀에서 자신을 계시하신 유일하신 참 하나님께만 그가 우리에게 구하라고 명하신 모든 것을 마음을 다하여 기도합니다. 둘째, 우리 자신의 부족과 비참함을 철저히 깨달아 그의 엄위 앞에 겸손히 구합니다. 셋째, 비록 우리는 받을 자격이 없는 자들이지만, 하나님께서 그의 말씀하신 약속대로, 우리 주 그리스도 때문에 우리의 기도를 분명히 들어 주신다는 이 확실한 근거를 우리는 가지고 있습니다.

제118문 **하나님께서는 그에게 무엇을 구하라고 우리에게 명하셨습니까?**

답 . . 영혼과 몸에 필요한 모든 것인데, 그리스도 우리 주께서 친히 가르쳐 주신
기도에 그것들이 다 담겨 있습니다.

성경으로의 접근

왜 기도해야 하나

기도는 그 자체로 하나님께 드리는 감사의 행위입니다. 기도는 나는 유한하고 연약한
인간임을 고백하는 행위이며 위대하신 창조주 하나님께 우리의 모든 것을 맡긴다는
믿음의 행위이기 때문입니다.

1. 기도는 하나님께 무엇인가를 구하는 것입니다. 무엇을 구해야 할지 다음
구절을 읽고 이야기해 봅시다.

    (1) 부정적으로 :

    (2) 긍정적으로 : 요한일서 5:14, 15

2. 이와 같은 것들을 구하면 하나님이 응답하신다고 약속하셨습니다. 마태
복음 7:7~8을 읽고 확인해 봅시다.

3. 하나님께서는 어떤 사람들의 기도는 응답하지 않으십니다. 다음 구절을
통해서 어떤 사람의 기도에 응답하지 않으시는지 확인해 보고 우리 스스
로를 점검해 봅시다.

    (1) 잠언 15:8

    (2) 시편 66:18

하나님께서 기뻐하시는 기도

우리의 기도는 우리 자신을 위한 간구로 끝나서는 안됩니다. 하나님께서는 첫째로 하나님이 구하라고 명하신 것을 구할 때, 겸손히 구할 때, 그리스도의 이름으로 기도할 때 우리의 기도를 들어 주십니다. 그리스도의 이름으로 기도하는 것은 습관적으로 기도의 종지부를 내리는 것이 아닙니다. 그것은 예수님의 뜻대로, 주님이 원하시는 것을 구한다는 고백입니다.

1. 다음 구절들을 읽어보고 기도할 때 우리의 마음과 태도는 어떠해야 하는지 확인해 봅시다.
    (1) 누가복음 18:1
    (2) 시편 10:17
    (3) 야고보서 5:16
    (4) 미가서 7:7

2. 다음 구절을 읽고 성경이 우리에게 기도에 대해 무엇을 가르치는지 이야기해 봅시다.
    (1) 잠언 28:9
    (2) 요한복음 15:7
    (3) 요한일서 5:14

정리

1. 우리는 (   )의 행위로 기도합니다.

2. (   )의 뜻대로, (   )한 마음으로, (   )의 이름으로 기도해야 합니다.

1. 하루에 얼마나 기도하며 무엇을 구하는지 서로 이야기해 봅시다.

2. 주기도문을 주문처럼 외우면 안됩니다. 하루에 한번정도 한구절 한구절 잘 되새기며 주기도문을 외워 봅시다.

주기도문에 관하여 1

34

예수님은 우리에게 기도의 모범을 보여 주셨습니다. 그것을 우리는 주기도문이라고 부릅니다. 주기도문은 그것을 외우는 자체로 신비한 효력을 발휘하는 주문이 아닙니다. 주기도문의 각 구절의 정확한 내용을 이해하고 고백해야 합니다.

제119문 **주께서 가르쳐 주신 기도는 무엇입니까?**

답 . . 하늘에 계신 우리 아버지, 이름이 거룩히 여김을 받으시오며 나라이 임하옵시며 뜻이 하늘에서 이룬 것같이 땅에서도 이루어지이다. 오늘날 우리에게 일용할 양식을 주옵시고 우리가 우리에게 죄지은 자를 사하여 준 것같이 우리 죄를 사하여 주옵시고 우리를 시험에 들지 말게 하옵시며 다만 악에서 구하옵소서. 대개 나라와 권세와 영광이 아버지께 영원히 있사옵니다. 아멘

제120문 **그리스도께서는 왜 하나님을 "우리 아버지"로 부르라 명하셨습니까?**

답 . . 그리스도께서는 기도의 첫머리에서부터 우리 마음에 하나님에 대하여 어린아이와 같은 공경심과 신뢰를 불러일으키기를 원하셨는데, 이것이 우리이 기도의 기초입니다. 하나님께서는 그리스도로 말미암아 우리 아버지가 되셨으며, 우리가 믿음으로 구하는 것에 대해서는 우리 부모가 땅의 좋은 것들을 거절하지 않는 것보다 훨씬 더 거절하지 않으실 것입니다.

제121문   "하늘에 계신"이라는 말이 왜 덧붙여졌습니까?

답 . .   하나님의 천상의 위엄을 땅의 것으로 생각지 않고, 그의 전능하신 능력으로
            부터 우리의 몸과 영혼에 필요한 모든 것을 기대하도록 하기 위함입니다.

성경으로의 접근

주기도문에 관하여

예수님께서는 우리가 드릴 기도의 모범을 알려 주셨습니다. 주기도문은 크게 세 부분
으로 나눌 수 있습니다.

1. 마태복음 6:9~13을 읽고 주기도문을 세 부분으로 나눠 봅시다.

   (1) 서론

   (2) 본론

   (3) 결론

우리 아버지

1. 성경이 이야기하는 '우리 아버지'라는 말의 의미는 무엇인지 다음 구절들
   을 통해 알아 봅시다.

   (1) 마태복음 7:11

   (2) 에베소서 6:18

2. 우리는 타인과 함께 기도해야 할 뿐만 아니라 타인을 위해서도 기도해야
   합니다. 누구를 위해서 기도해야 할지 다음 구절들을 읽고 알아 봅시다.

   (1) 사도행전 12:5

   (2) 에베소서 6:18

   (3) 디모데전서 2:1, 2

하늘에 계신

1. 전도서 5:2을 읽고 하나님이 하늘에 계시다는 의미가 어떤 것인지 깊이 생각해 봅시다.

2. 사도행전 17:24~25을 읽고 하나님이 하늘에 계시다는 또다른 의미를 생각해 봅시다.

3. 다음 구절들을 읽고 하나님이 하늘에 계시다는 것이 어떤 은혜를 우리에게 주시는지 생각해 봅시다.
   (1) 역대하 6:18~19
   (2) 로마서 8:31~32

정리

1. 예수님이 우리에게 가르쳐주신 기도의 모범은 (   )입니다.

2. 하나님은 (   )에 계시지만 우리 기도를 들어주시는 (   )이시기도 합니다.

실천

1. 주기도문의 시작이 '우리'임을 기억해서 남을 위해 기도합시다.

2. 하늘에 계신 하나님이 우리 아버지 되 주심을 기억하며 감사하는 한주가 되도록 합시다.

35 주기도문에 관하여 2

주기도문의 다음 부분은 우리의 간구입니다. 우리는 하나님의 나라를 위해서 구해야 하며 우리를 위해서 구해야 합니다.

제122문 　첫째 간구는 무엇입니까?

답 ． ． "이름이 거룩히 여김을 받으시옵소서"로 이러한 간구입니다. 무엇보다도 먼저 우리로 하여금 주님을 바르게 알게 하여 주옵시며, 주께서 하시는 모든 일에서 주님을 거룩히 여기고 경배하고 찬송하게 하옵소서. 주께서 행하시는 일에는 주님의 전능과 지혜와 선하심과 의와 자비와 진리가 환히 빛나옵나이다. 또한 우리의 모든 삶을 지도하시고 우리의 생각과 말과 행동을 주장하셔서, 주님의 이름이 우리 때문에 더럽혀지지 않고 오히려 영예롭게 되고 찬양을 받게 하옵소서.

제123문 　둘째 간구는 무엇입니까?

답 ． ． "나라이 임하옵소서"로, 이러한 간구입니다. 주님의 말씀과 성령으로 우리를 통치하시사 우리가 점점 더 주님께 순종하게 하옵소서. 주님의 교회를 보존하시고 흥왕케 하옵시며, 마귀의 일들과 주님께 대항하여 스스로를 높이는 모든 세력들, 그리고 주님의 거룩한 말씀에 반대하는 모든 악한 의논들을 멸하여 주옵소서. 주님의 나라가 온전히 이루어져 주께서 만유의 주가 되실 때까지 그리하옵소서.

제124문   셋째 간구는 무엇입니까?

답   .   .   "뜻이 하늘에서 이룬 것같이 땅에서도 이루어지이다"로, 이러한 간구입니
다. 우리와 모든 사람들이 자기 자신의 뜻을 버리고, 유일하게 선하신 주님
의 뜻에 불평 없이 순종하게 하옵소서. 그리하여 각 사람이 자신의 직분과
소명을 하늘의 천사들처럼 즐거이 그리고 충성스럽게 수행하게 하옵소서.

성경으로의 접근

이름을 거룩히

1. 성경의 다음 구절들을 통해서 하나님이 자신의 영광을 위해서 하신 일들
에 대해서 이야기해 봅시다.

(1) 시편 67:1~3

(2) 시편 100:3, 4

(3) 데살로니가후서 3:1, 2

2. 하나님의 이름을 거룩히 여기기 위해서 우리는 다음과 같은 일들을 알고
고백해야 합니다. 다음 구절들을 찾아서 읽고 우리의 말로 바꿔서 이야기
해 봅시다.

(1) 시편 83:16, 18

(2) 로마서 11:36

나라가 임하기를

1. 우리는 하나님의 나라가 임하시기를 위해 기도해야 합니다. 다음 구절들
을 통해 하나님의 나라의 특징은 무엇인지 알아 봅시다.

(1) 요한일서 3:8

(2) 사도행전 26:17, 18

 (3) 베드로전서 5:10

2. 눈에 보이지 않는 하나님 나라의 백성으로 살기 위해서 우리가 해야 할
   일들을 다음 구절들을 통해서 알아 봅시다.

(1) 시편 119:5

(2) 요한복음 17:20

(3) 데살로니가후서 3:1~5

(4) 마태복음 7:21

뜻 이 이 루 어 지 이 다 .

1. 성경이 우리에게 가르치는 하나님의 뜻이 무엇인지 다음 구절을 통해 알
   아 봅시다.

(1) 시편 119:1~8

(2) 베드로전서 3:17

2. 이사야 9:7을 읽어 봅시다. 하나님의 뜻이 이땅에서 이루어지게 하는 것
   은 결국 무엇입니까?

정 리

오늘 배운 해당 부분을 여기 다시 써 봅시다.

_____

_____

_____

1. 하나님 나라 백성으로 살기 위해서 내가 해야 할 일은 무엇일까요? 생각하고 실천
   해 봅시다.

2. 우리를 향하신 하나님의 뜻은 무엇인지 구체적으로 생각하고 이야기해 봅시다.

주기도문에 관하여 3

36

예수님은 우리에게 기도의 모범을 보여 주셨습니다. 그것을 우리는 주기도문이라고 부릅니다. 주기도문은 그것을 외우는 자체로 신비한 효력을 발휘하는 주문이 아닙니다. 주기도문의 각 구절의 정확한 내용을 이해하고 고백해야 합니다.

제125문 **넷째 간구는 무엇입니까?**

답 . . "오늘날 우리에게 일용할 양식을 주옵소서"로, 이러한 간구입니다. 우리의 몸에 필요한 모든 것들을 내려 주시며, 그리하여 오직 주님이 모든 좋은 것의 근원임을 깬닫게 하시고, 주님의 복 주님이 없이는 우리의 염려나 노력, 심지어 주님의 선물들조차도 우리에게 아무 유익이 되지 못함을 알게 하옵소서. 그러므로 우리로 하여금 어떤 피조물도 의지하지 않고 오직 주님만 신뢰하게 하옵소서.

제126문 **다섯째 간구는 무엇입니까?**

답 . . "우리가 우리에게 죄지은 자를 사하여 준 것같이 우리 죄를 사하여 주옵소서"로, 이러한 간구입니다. 주의 은혜의 증거가 우리 안에 있어서 우리가 이웃을 용서하기로 굳게 결심하는 것처럼, 그리스도의 보혈을 보시사 우리의 모든 죄과와 아직도 우리 안에 있는 부패를 불쌍한 죄인인 우리에게 돌리지 마옵소서

제127문   여섯째 간구는 무엇입니까?

답   . .   "우리를 시험에 들지 말게 하옵시며 다만 악에서 구하옵소서"로, 이러한
           간구입니다. 우리 자신만으로는 너무나 연약하여 우리는 한 순간도 스스
           로 설 수 없사오며, 우리의 불구대천의 원수인 마귀와 세상과 우리의 육신
           은 끊임없이 우리를 공격하나이다. 그러하므로 주의 성신의 힘으로 우리
           를 친히 붙드시고 강하게 하셔서, 우리가 이 영적 전쟁에서 패하여 거꾸러
           지지 않고, 마침내 완전한 승리를 얻을 때까지 우리의 원수에 대해 항상 굳
           세게 대항하게 하시옵소서.

제128문   당신은 이 기도를 어떻게 마칩니까?

답   . .   "대개 나라와 권세와 영광이 아버지께 영원히 있사옵나이다"로, 이러한
           간구입니다. 주님은 우리의 왕이시고 만물에 대한 권세를 가진 분으로서
           우리에게 모든 좋은 것을 주기 원하시며 또한 주실 수 있는 분이기 때문에
           우리는 이 모든 것을 주님께 구하옵니다. 이로써 우리가 아니라 주님의 거
           룩한 이름이 영원히 영광을 받으시옵소서.

제129문   "아멘"이라는 이 짧은 말은 무엇을 뜻합니까?

답   . .   "아멘"은 참되고 확실하다는 뜻입니다. 내가 하나님께 이런 것들을 소원
           하는 심정보다도 더 확실하게 하나님께서는 내 기도를 들으십니다.

성경으로의 접근

일용할 양식을 주시옵고

1. 일용할 양식의 의미를 잠언 30:8, 9을 읽고 생각해 봅시다.

2. 빌립보서 4:11~13을 찾아서 읽고 가난과 부요에 우리가 어떤 태도를 취

해야 할지 생각해 봅시다.

우 리 죄 를 사 하 여 주 옵 소 서

1. 다음 성경의 구절들을 찾아서 읽어 보고 우리에게 주시는 하나님의 용서 가 무엇을 근거로 하고 있는지 이야기해 봅시다.

   (1) 시편 51:1

   (2) 다니엘 9:19

   (3) 요한일서 1:7 하

2. 마태복음 6:14, 15을 읽고 우리의 용서는 어떤 것이 되어야 할지 생각해 봅시다.

나 라 와 권 세 와 영 광 이

1. 로마서 11:36을 읽고 '모든 나라'가 하나님께 있다는 고백이 어떤 의미인 지 생각해 봅시다. 그리고 우리 삶에 이를 실천하기 위해서 어떻게 해야 할지 서로 이야기해 봅시다.

2. '아멘'의 의미를 생각해서 그런 고백으로 마칠 수 있는 기도를 하나님께 드립시다.

오늘 배운 해당 부분을 여기 다시 써 봅시다.

_____

_____

_____

1. 내가 지금 용서해야 하는 사람이 누구인지 생각해 보고 실제로 용서하기 위해 어떻게 해야 할지 생각해 봅시다.

2. 하나님의 나라와 권세와 영광을 위해 우리가 지금 무엇을 할 수 있는지 생각해보고 실천합시다.

●● 이것으로 하이델베르크 성경공부를 모두 마쳤습니다. 지금까지 모두들 수고하셨습니다. 교리는 배우는 것으로 끝나서는 안됩니다. 이것이 우리의 삶의 고백이 되고 실천할 수 있도록 기도하며 노력합시다.